JN226030

富山新港の建設

『富山新港史』編纂事業を回顧して

松下ナミ子

桂書房

二上山から富山新港を望む

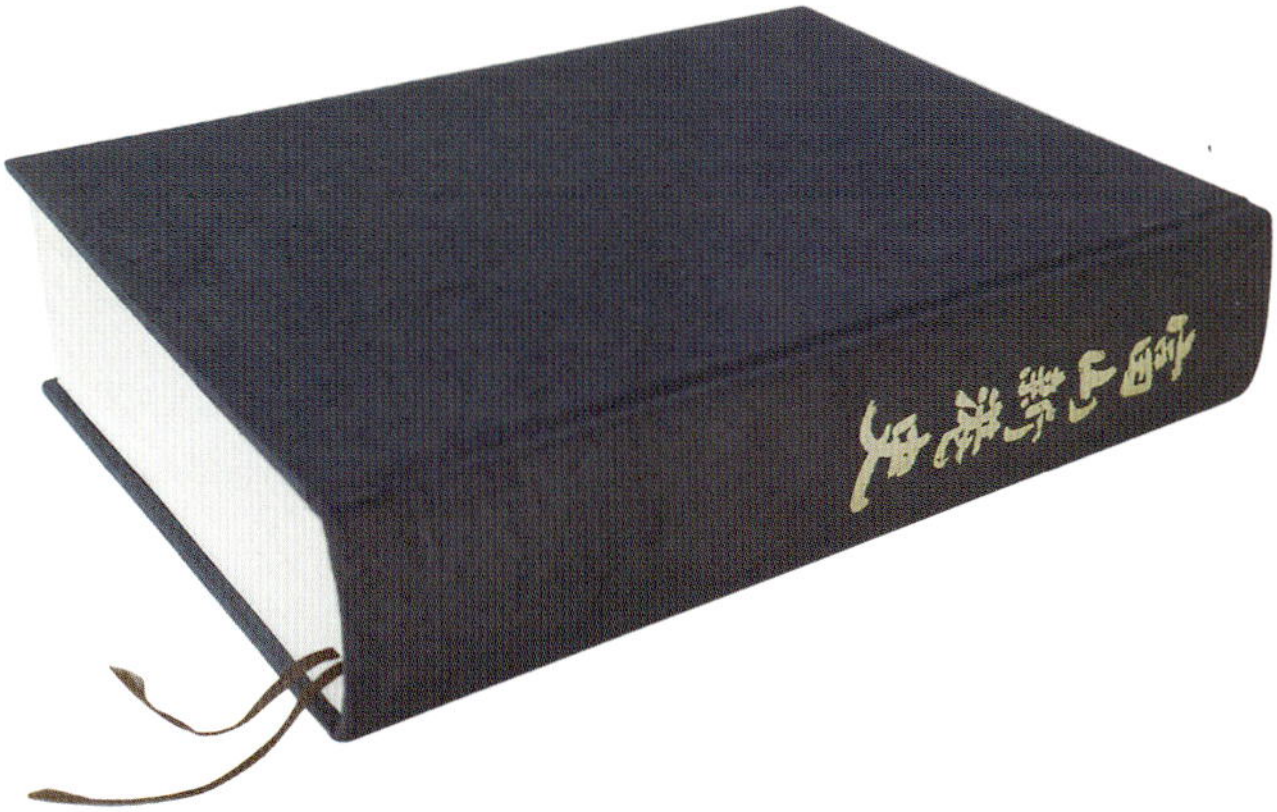

発行 昭和58(1983)年６月10日　　Ｂ５判　761頁

環日本海の拠点 伏木富山港(新湊地区) (平成29年)

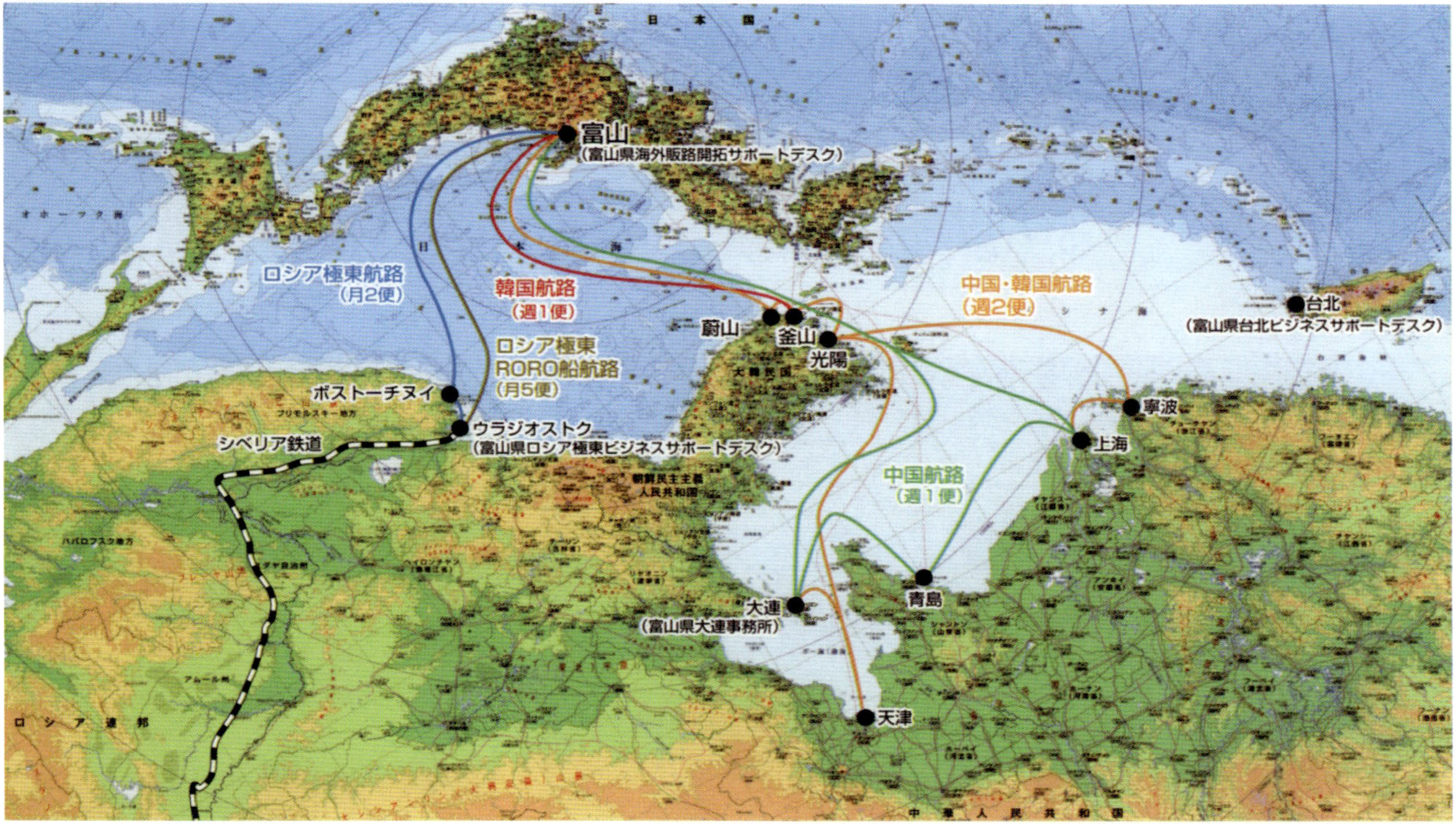
富山
（富山県海外販路開拓サポートデスク）
ロシア極東航路
（月2便）
韓国航路
（週1便）
ロシア極東
RORO船航路
（月5便）
中国・韓国航路
（週2便）
台北
（富山県台北ビジネスサポートデスク）
蔚山
釜山
光陽
ポストーチヌイ
ウラジオストク
（富山県ロシア極東ビジネスサポートデスク）
シベリア鉄道
寧波
上海
中国航路
（週1便）
青島
大連
（富山県大連事務所）
天津
日本国
ロシア連邦
中華人民共和国
朝鮮民主主義人民共和国
大韓民国

環日本海諸国図

伏木富山港へのアクセス
Access to Fushiki-Toyama Port
韓国
ロシア極東
中国
北陸新幹線
東京⇔富山
2時間8分
能越自動車道
伏木富山港
上越
氷見
高岡北
魚津
北陸新幹線
小矢部砺波
小杉
富山
富山きときと空港
Toyama Kitokito Airport
金沢西
北陸自動車道
五箇山
白川郷
高山
中部縦貫自動車道
松本
上信越自動車道
福井
東海北陸自動車道
飛騨清見
岡谷
中央自動車道
東京
飯田
美濃関
東海環状自動車道
米原
小牧
一宮
名古屋
名神高速自動車道
四日市
豊田
新東名高速自動車道
静岡
三ヶ日
東名高速自動車道
大阪
主な国道
高速道路 （供用中）

富山新港へのアクセス

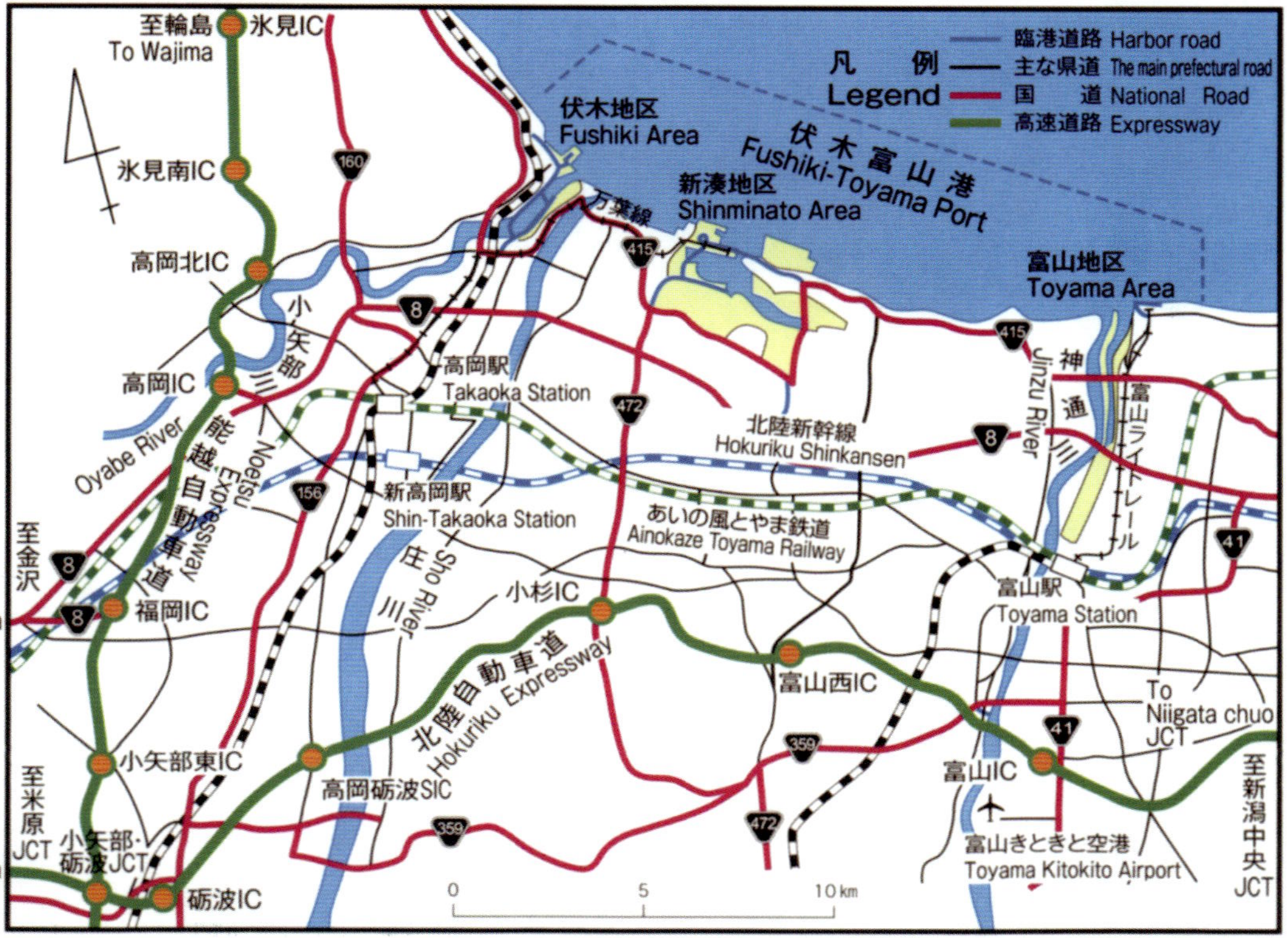

伏木富山港へのアクセス

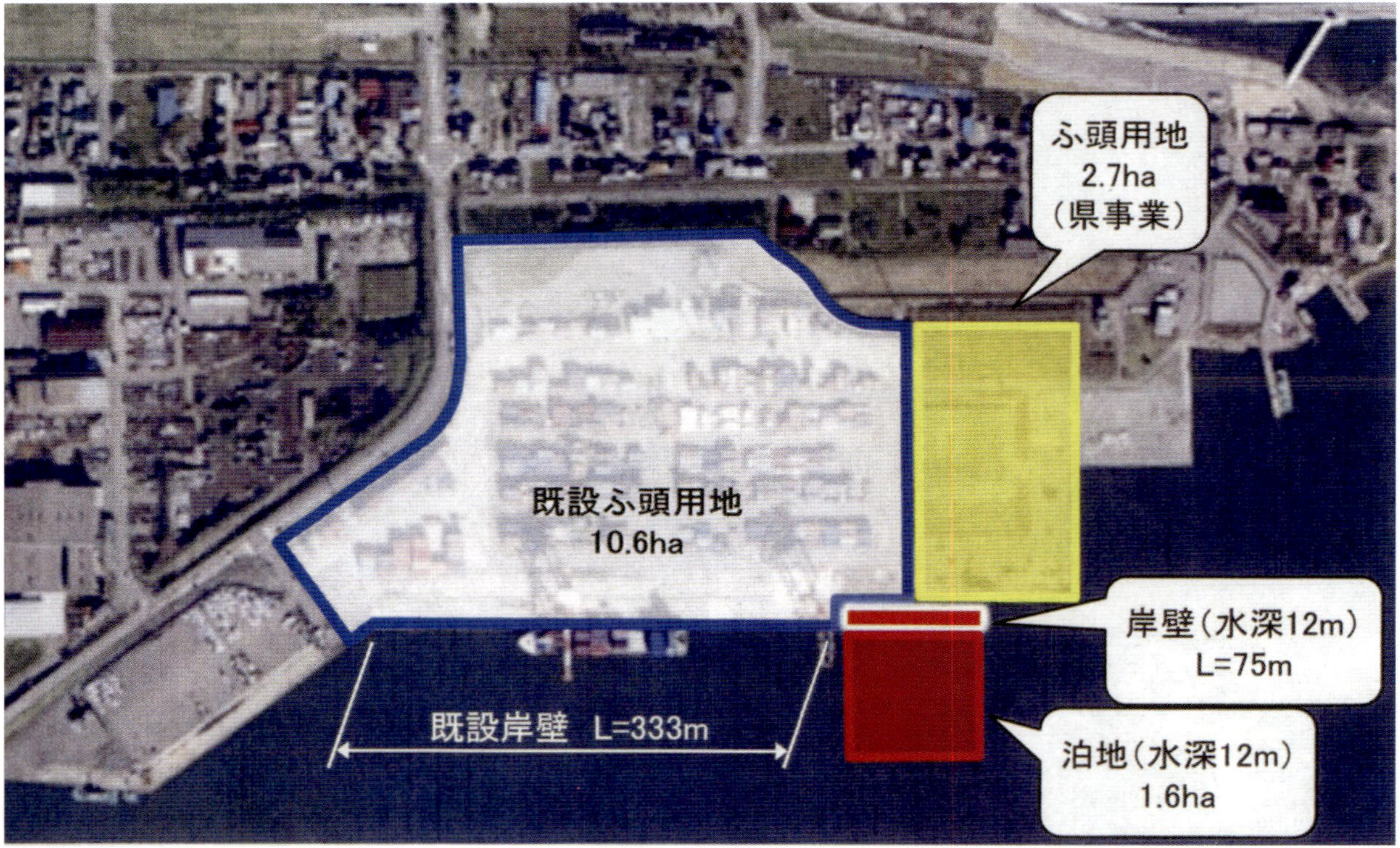
ふ頭用地
2.7ha
（県事業）
既設ふ頭用地
10.6ha
岸壁（水深12m）
L=75m
泊地（水深12m）
1.6ha
既設岸壁　L=333m

施設の概要

新湊地区国際物流ターミナル

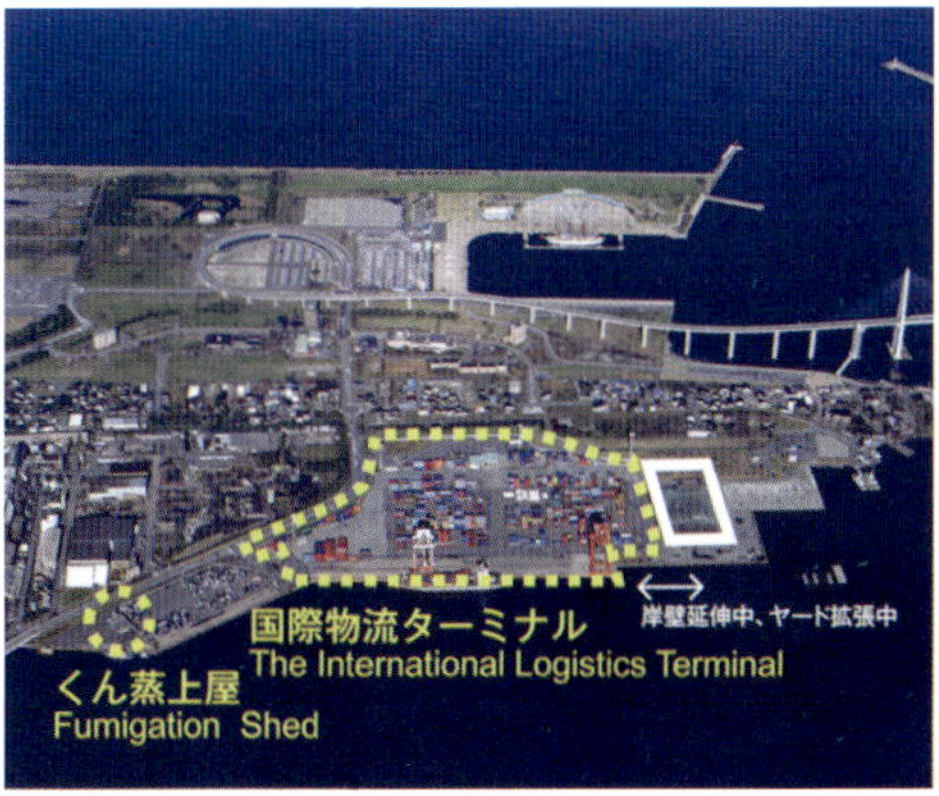

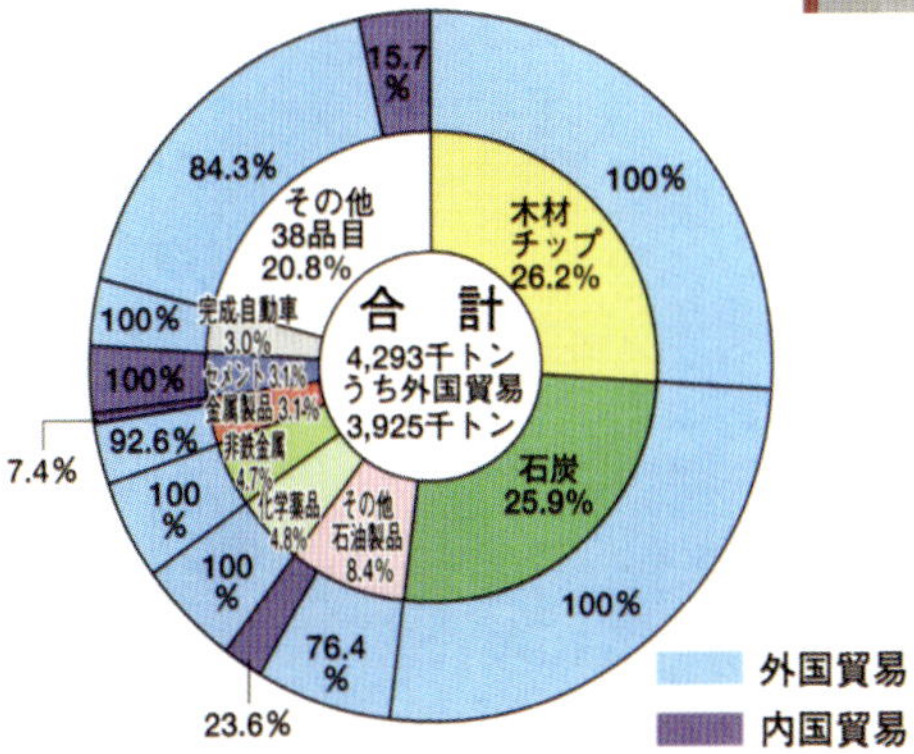

品目別比較（平成29年）

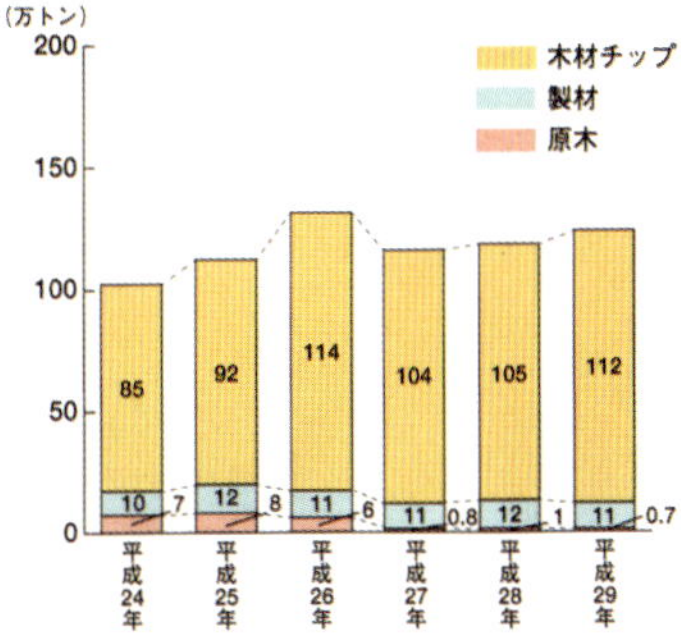

輸入木材の状況（平成29年）

輸出貨物の国別品目別状況
（平成29年）

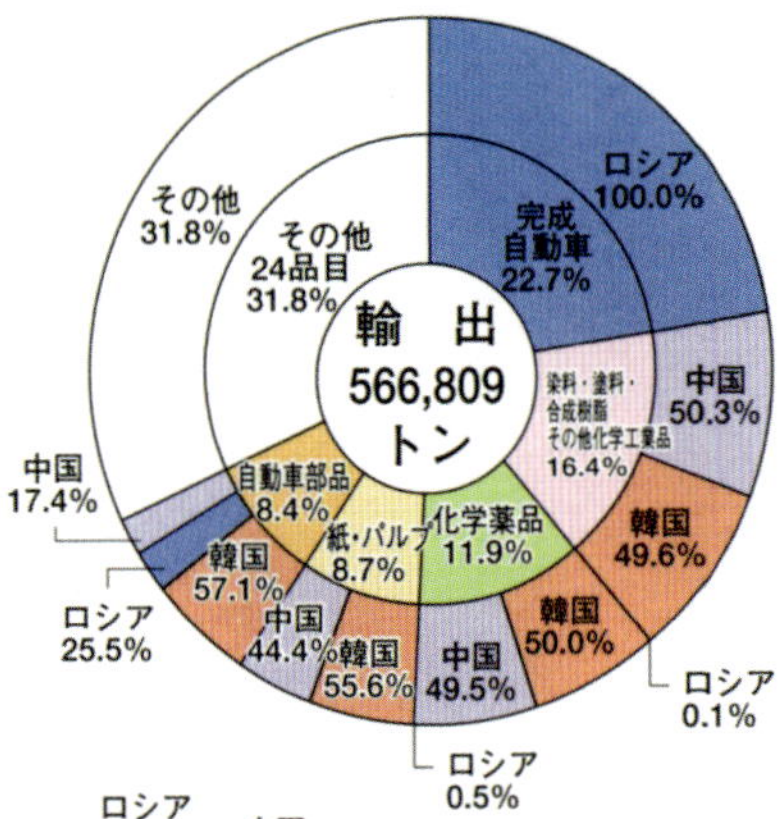

輸入貨物の国別品目別状況
（平成29年）

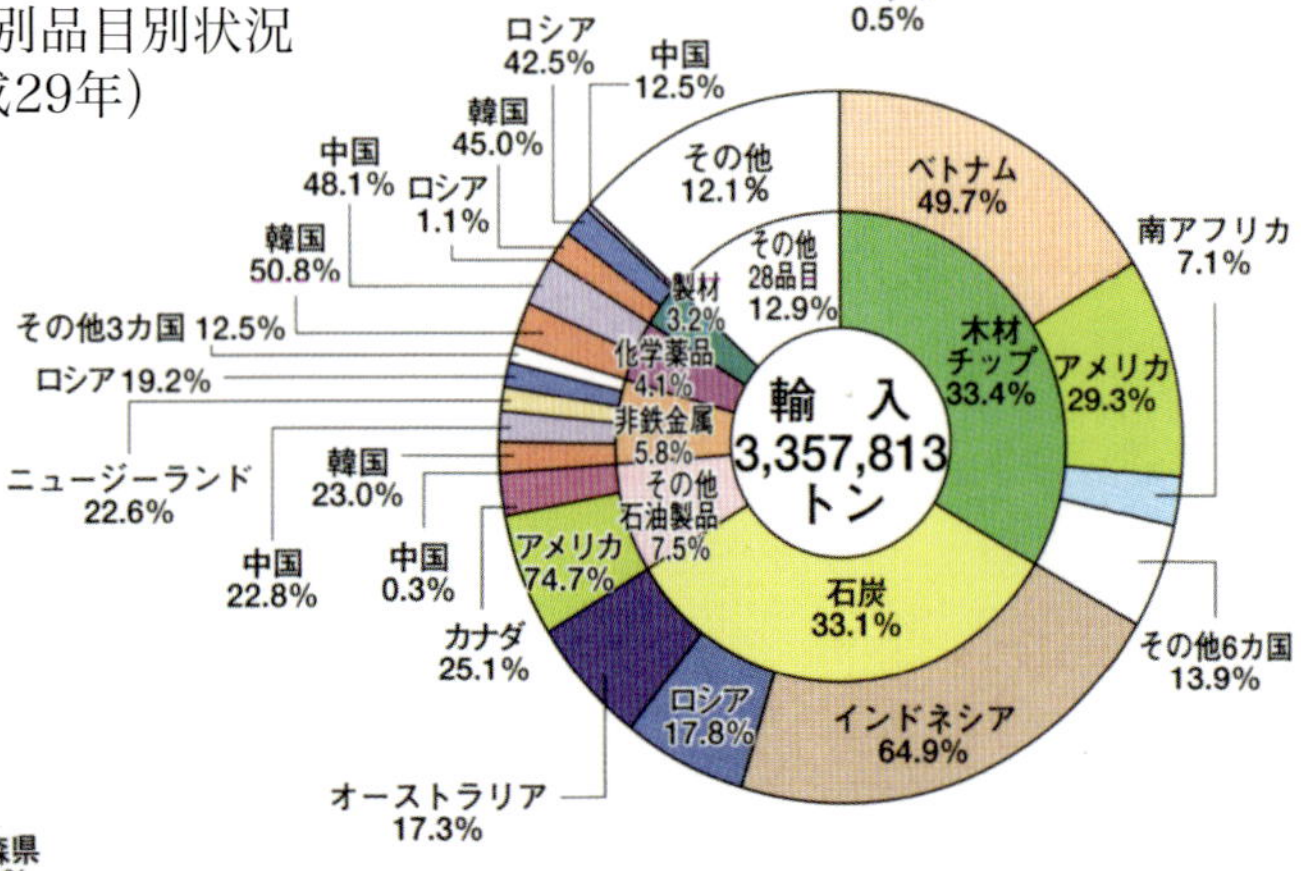

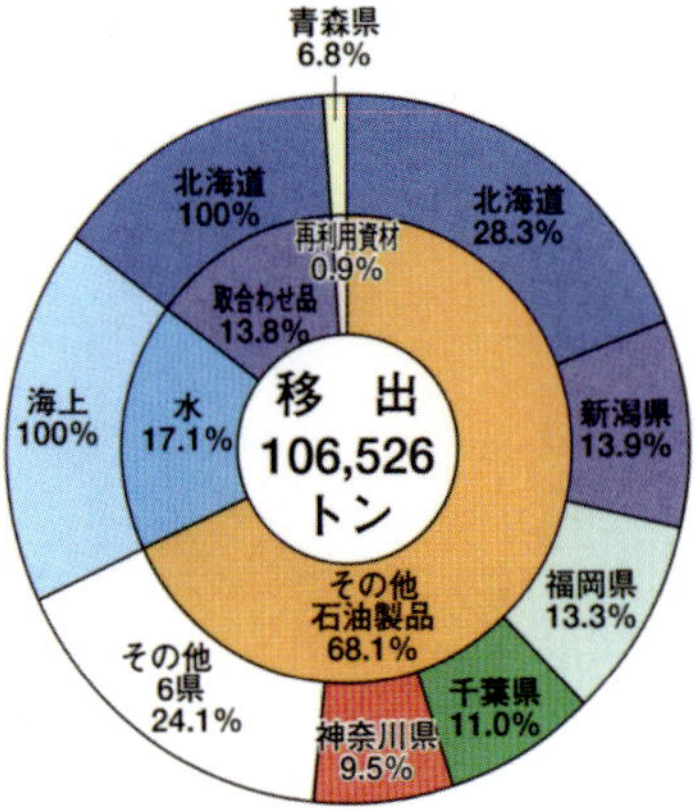

移出貨物の県別品目別状況
（平成29年）

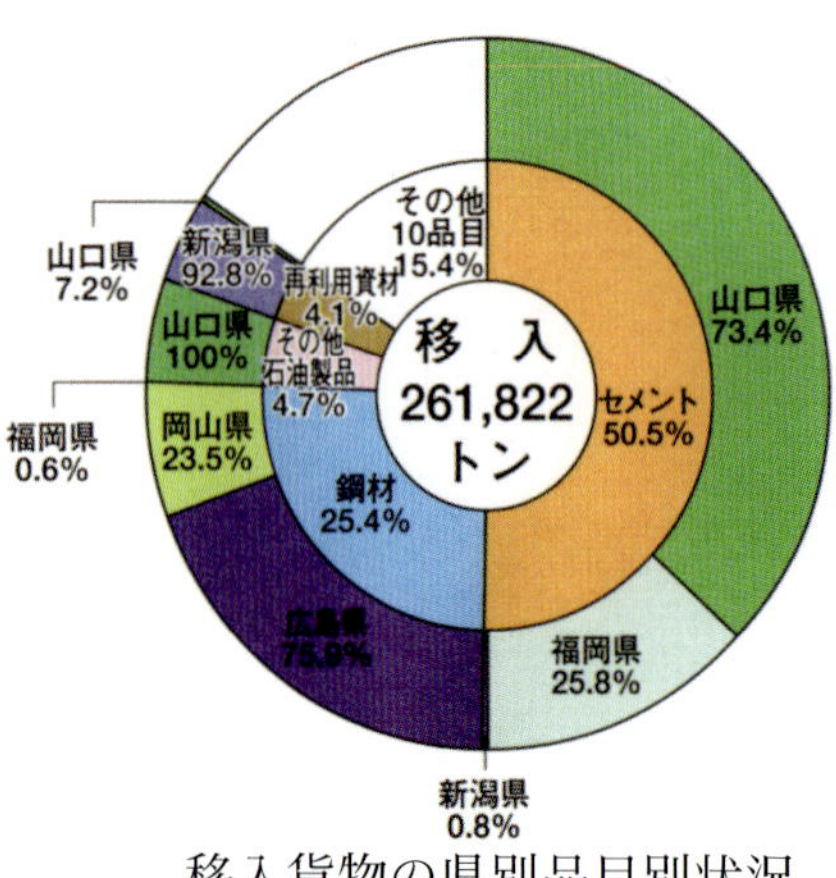

移入貨物の県別品目別状況
（平成29年）

海王丸パーク・新湊大橋・展望広場

全国植樹祭においでになった天皇・皇后両陛下を富山新港にご案内
（昭和44年）

富山新港開港
宣言
（昭和43年４月）

富山新港開港記念の碑

・「富山新港」のうた

・沖待船

鳥帰る釜山港からの定期便
夏雲や巨船のザイル解かれたり
秋澄むや海王丸の総帆展
気嵐や沖待船の長汽笛
二日はやコンテナ船の荷役かな

・玄鳥同人　まつしたなみこ

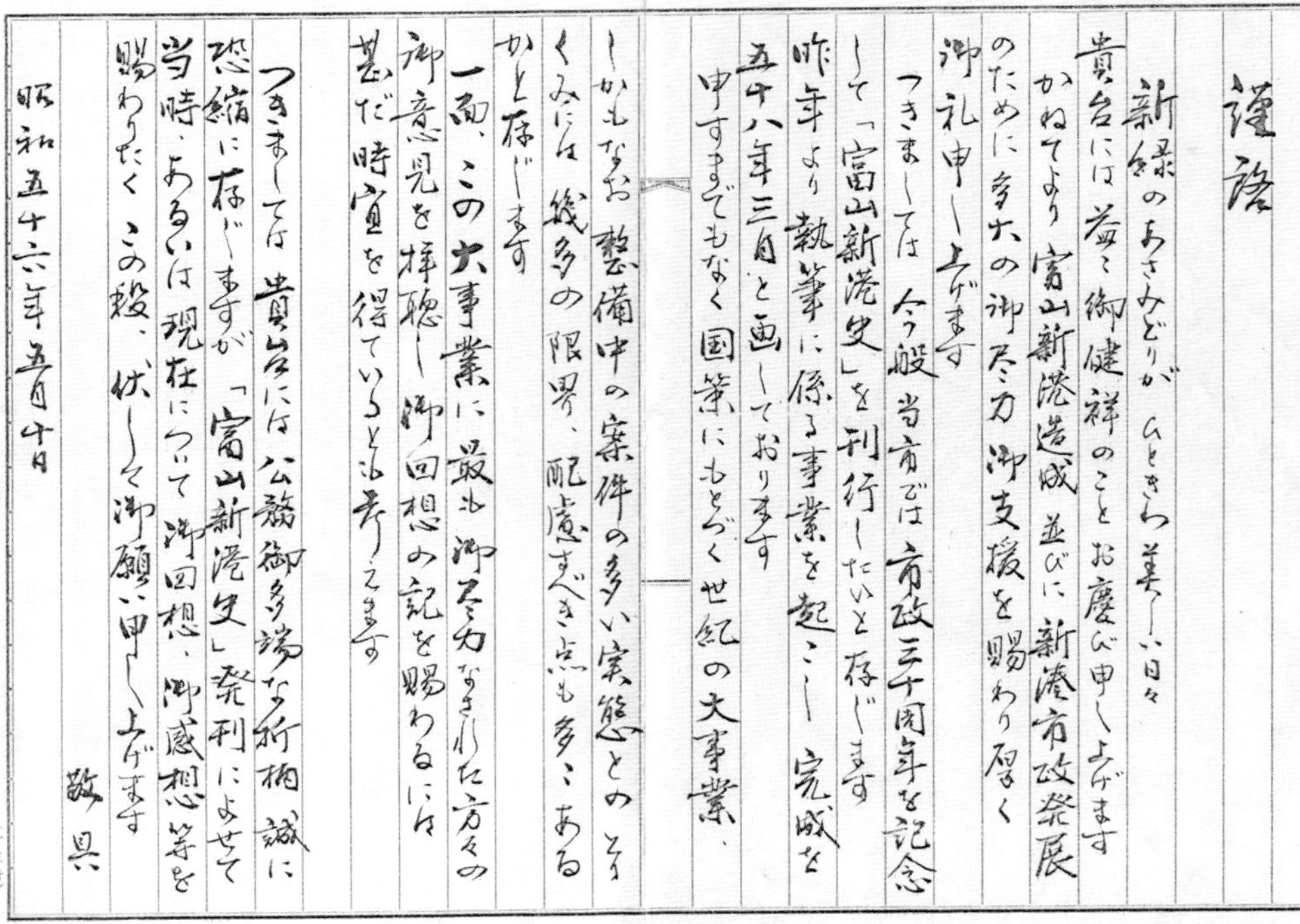

謹啓

新緑のあざみどりが ひときわ美しい日々
貴台には益々御健祥のこととお慶び申し上げます
かねてより富山新港造成並びに新港市政発展
のために多大の御尽力御支援を賜わり厚く
御礼申し上げます

つきましては今般当市では市政二十周年を記念
して「富山新港史」を刊行したいと存じます
昨年より執筆に係る事業を起こし完成を
五十八年三月と画しております
申すまでもなく国策にもとづく世紀の大事業、
しかもなお整備中の案件の多い実態とのぞ
くみには幾多の限界、配慮すべき点も多々ある
かと存じます
一面、この大事業に最も御尽力なされた方々の
御意見を拝聴し御回想の記を賜わるには
甚だ時宜を得ていると存じます

つきましては貴台には公務御多端な折柄誠に
恐縮に存じますが「富山新港史」発刊によせて
当時、あるいは現在について御回想、御感想等を
賜わりたくこの段、伏して御願い申し上げます

敬具

昭和五十六年五月十日

(十三行)
コクヨ ケイ−30

「回想の記」の依頼状　　(発送　事務局長)

序章　『富山新港史』編纂事業の意義

平成三十年（二〇一八）七月十一日、射水市において、「富山新港」開港五十周年記念式典が挙行された。

「富山新港」は、国の直轄事業として、昭和三十六年（一九六一）九月着工、七年の歳月を経て、昭和四十三年（一九六八）四月に開港した。

「富山新港」開港記念碑が、日本海の潮風を背に受けて港口西側に立っている。

開港の記

「万葉の歌枕　奈呉の江　中世に守護所として栄えた放生津　歴史あるこの地に新港を築き　臨海工業地帯を造成せんとする構想があり　機熟して　昭和三十六年九月十五日着工　いまその工成って　第一船を迎えるに至る　この地に生まれ　この地を生活の基盤としてきた住民をはじめ広く関係者の理解と協力の

賜物である　本日開港にあたり　日本海時代開拓の拠点となるべき大いなる願いをこめ　県民と共に今後の努力を誓って開港の記念とする」

昭和四十三年四月　　富山県知事　吉田　実　誌

この吉田実知事の学識の高い、達意の文章と雄大な筆跡は、正に、「富山新港」の偉風に値する記念碑である。

「富山新港」開港後、十五年を経て、『富山新港史』が、昭和五十八年六月、新湊市において発行された。

この『富山新港史』の「序」において、渡辺一雄市長は、「天平の昔、越中の国司であった歌人大伴家持が、国府の高台に立って、「みなと風寒く吹くらし奈呉の江に妻よび交し鶴さはに鳴く」と詠んだ万葉の歌の名所「奈呉の江」が、放生津潟の古名であり、奈呉の浦に続く潟湖をふくめた、今よりも更に広い入江であったと言われております。

その「奈呉の江」が、時代の推移とともに、今「富山新港」と名を変え、姿を変えるに至りました。

顧みれば、明治中期の実業家で、代議士でもあった南島間作氏の「放生津潟の港湾化」の提唱に始まって、大正・昭和前期と、幾度となく我が郷土の先覚者たちによって計画され、そして、挫折した港湾築造にかけた夢は、戦後の昭和三十六年、所得倍増のスローガンに代表される高度成長期の日本経済を背景として、「富山新港」造成事業として、ついに実現したのであります。

まさに、天の時、地の利、人の和の三つが、タイミングよく合致した賜物であります。」

また、富山県知事中沖豊は、「発刊によせて」として、

「かつての放生津の周辺は、とねりこに稲架掛けしたあぜ道と、縦横にのびた水路に、田舟が行き交うのどかな水郷地帯でありましたが、ここに、「富山新港」と「臨海工業用地」が造成されて以来、大きな変貌を遂げ、新しく農工一体となった「新産業都市」の中核的工業地帯として生まれ変わりました。

「富山新港」は、着工以来、七年の歳月を経て昭和四十三年四月に開港し、今日では、本県産業の物流拠点として、重要な役割を担うとともに、背後の工業用

地には、アルミ、木材等を中核とした企業が立地し、日本海沿岸屈指の工業港と臨海工業地帯を形成するに至っております。

本年で市制三十二年を迎えた新湊市の歩みは、また、この「新産業都市建設」の歩みとも申せましょう。こうした意味で、このたび、市の編纂事業として『富山新港史』が発刊されますことは、誠に時宜を得たものであり、極めて意義深いものがあると存じます。

この種の資料を体系的に整理し、編集することは、膨大な資料の散逸、紛失を防ぐだけでなく、「富山新港」を中心とした「新産業都市建設」の過程や、その役割の重要性を再確認するとともに、更に、将来への発展の基礎資料として、大いに役立つものであり、関係者の御労苦に対して、深く敬意を表するものであります。」

『富山新港史』編纂事業は、昭和五十五年（一九八〇）六月、新湊市長部局の「企画広報室」所管によって始められた。

編纂委員長は、元、富山県総合計画部長の小浜喜一氏であった。編纂委員は、

近岡七四郎（富山県文化財保護指導委員）　富山新港のあけぼの
竹内　伸一（元　富山県史編纂室副主幹）　開港前の新湊
北林　吉弘（文教大学助教授）　富山高岡新産業都市
大江　孝之（元　富山県港湾課長）　富山新港
盛　　一雄（元　富山県総合計画部地域開発課長）　漁業補償　用水問題　太閤
山ニュータウン
皆川　　博（元　富山県商工労働部長）　企業の立地
小林　哲郎（富山県立技術短期大学助教授）　富山新港周辺の農業と農村
笹谷　秀夫（元　富山県総合計画部計画課長）　公共施設と財政
高倉　盛安（富山県立技術短期大学教授）　富山新港とその周辺地域の環境

執筆協力者
渡辺　桂吉（新湊市総務部長）　射水線の廃線　新湊市の財政
清水　五雄（新湊市産業部次長）　西側海岸の埋立　東側海岸埋立構想

松下ナミ子（富山新港史編纂委員会事務局長）資料調整・作成・校正
『富山新港史』編纂事務局（新湊農協会館内―新湊市役所前）

小浜委員長は、序章「滄海変じて桑田となる」の中で次のように述べている。

「滄海変じて桑田となる」とは、大規模な自然改造が、人間の歴史を書き換えていく過程をあらわした表現であるが、スエズ運河が西洋と東洋の距離を縮め、パナマ運河が太平洋と大西洋をつないだほどでないにしても、画期的な建設事業が富山県の歴史にもある。

「電源開発」「富山新港」「立山黒部アルペンルート」「県民公園」それに、懸案の「北陸新幹線」、今後の「富山湾の海洋開発」などがこれに当たる。

このうち、「新港」「立山黒部」「県民公園」は、建設所要期間約十年、所要資金ほぼ一〇〇億円と、よく似ているのも興味深い。

これらの建設事業は、いずれも、富山県百年の歴史の各々の段階で、大きな影響を後世に残したものである。」

また、小浜委員長は、「…新湊は、大正六年（一九一七）、日本鋼管富山電気製鉄所が立地するまでは、漁業と農業だけの町であった。農業といっても、古くから有名な湿田地帯であり、生産性の極めて低いのが、なやみの種であった。この湿田を抜本的に「乾田化する大事業」と、「富山新港の築造」と、背後地の一〇〇万坪の「工業用地の造成」とが、ほとんど同時に完成したのが、「富山新港」と、その関連事業の最大の特色である。

このことは、全国の十四新産業都市、工業整備特別地区の六地区、鹿島（茨城）、東駿河湾（静岡）、東三河（愛知）、播磨（兵庫）、備後（広島）、周南（山口）の、どこにも例のない大事業であった。」

以上、「富山新港」開港五十周年に当たり、『富山新港史』に寄せられた、中沖知事、渡辺市長、小浜編纂委員長の核心、感慨の一端を記述した。

五十周年の式典後、私は、『富山新港史』（B5・七六一頁）を、数日かけて読み直してみた。

編纂委員長と委員十人の確信に支えられた労苦の記録、当然ながら、高次な内容と専門の言辞、充分、理解できないところがある。私は、約四十年前、編纂事務局長として、資料の調整と作成、校正などの任務を、よく無事に果たした、と思う。

改めて、「富山新港」の建設は、全国でも特異な難渋をきわめた大事業であったことを確認した。この世紀の大事業を完遂した、多くの先人、先達の労苦、その功績を忘れてはならない。

わけても、この射水郷、射水市のみなさんに、私は生硬ながら、『富山新港史』編纂事務局長として努めたことを通して、今、小冊子を作り、ともに理解し、共に考え、この地に生きて、より健康で、仕事に励む日々を送って頂けたら、と思う。

この小冊子は、新港建設に当たられた直接の代表者から寄せて頂いた七人の「回想の記」を全文構成の重点として編纂したものです。

一、吉田　実　　富山県知事
二、内藤　友明　　新湊市長
三、堀岡　吉次　　富山県副知事

四、小林　　謙　　富山県副知事
五、和田　善吉　運輸省第一港湾建設局伏木富山港工事事務所長
六、佐賀新太郎　富山県総合計画部長
七、金子　正男　富山県総合計画部長

私は、「回想の記」を頂くために、七人の方々と直接にお目にかかり、それぞれの方から二～五時間ものお話を聴くことができた。任務、責任をはるかに越えたご苦労のあったこと、その一端を理解し、すばらしいご縁に感謝した。

第二章は、編纂事務局長としての三年間をふり返って、資料の調整、作成、校正、編纂委員との連携、官公庁への出張、八十二回の編纂委員会の司会など、実情の一端を記述したが、どれも、私の力に余る仕事であった。

当然とは言え、特に、この『富山新港史』という上製本の編纂は複雑で次元の高い仕事であった。裏話とも言える部分もあるが、私はあえて、編纂事業と言う仕事の一端を述べながら『富山新港史』の編纂事業を回顧し、改めて、「富山新港」建設に尽くした先人、先達に感謝したいと思う。

もくじ

第二章『富山新港史』編纂事業の回顧

第一章　「回想の記」　富山新港を建設した先達の回顧

一、「富山新港を造る」

―港はこれを愛護する人々の総意によって発展する―

元富山県知事　吉田　実

昭和五十六年（一九八一）十一月末、私は、東大付属病院五階の吉田実先生の病室をお訪ねした。当時、先生は、参議院議員であったが、以前からの病気が悪化して病床に在った。

『富山新港史』の編纂で「回想の記」を頂くことにしている七人の方への訪問は、ほぼ決めていたが、吉田先生の病状があまり良くないとのことで、日を早めて病床にお訪ねしたのである。

午前九時半、病室には郁子夫人が就いておられ、菊など秋の花が活けてあり、広く明るい病室であった。

病床の先生から、編纂の進捗状況を尋ねられ、ねぎらいのお言葉までいただいて恐縮した。
看護婦がきて、インシュリンの注射を受けられ、三〇分ばかり休まれてからお話を拝聴した。三時間ごとの注射、その後のおからだの具合によって、午前に一時間、午後に二時間ほど、静かな口調ではっきりとお話になった。

「もう少し話したいことがある…」と、おっしゃったので、十日後の、十二月上旬に、再度病室にお訪ねした。

二日で、約五時間もお話いただき、速記し、参議院会館の吉田事務所を通じて三校正して、先生の回想の記「富山新港を造る」を成就することができた。

その概要を記す。

「私が知事に就任した昭和三十一年（一九五六）ごろの、伏木港と富山港の一年間の荷扱い量は、約二〇〇万トンであった。
当時、両港の整備計画を立ててみたが、どんなに試算してみても、年間二五〇万トンぐらいが限度であった。

当時、国の経済計画の目標から推算すると、昭和三十七年（一九六二）ごろには、伏木・富山港の荷扱量は、四〇〇万トンを突破するであろうと想定された。そのためにも、両港の整備が緊急の課題となっていたのである。

しかし、この両港はともに河口港であり、小矢部川、神通川を付け替えでもしないかぎり、両港の拡大整備は困難であった。

一時、この両港の付け替えを構想した先人もあったが、工事に要する莫大な資金と、永い年月を要することなどから、立ち消えになったのである。

私は、昭和三十四年（一九五九）の年頭、富山県の発展と県民の幸福を念願し、『野に、山に、海に』の三つの夢を提唱し、公約した。

「野の夢」は、水田単作中心の農業から有畜農業への改良、「山の夢」は、立山地帯の総合開発、「海の夢」は、「富山新港」の建設である。

当時、国の「新長期経済計画」を達成するためには、何よりも、「港湾整備」が強く要請されていた。

日本海沿岸の新潟港は地盤沈下がひどく、また、敦賀・七尾・酒田・秋田・小樽などの各港は、一般に狭小で、背後に工業地帯をもたない港もあったりして、運輸省は、「富山新港」の建設に大きな期待をかけた。

本県が、日本海地帯の中央にあって、京浜・阪神・中京の三大工業地帯を結ぶ線を底辺とする、ほぼ正三角形の頂点に位置していることの、経済地理的な優位性が評価されたからである。

元来、港湾建設に適さないとされていた、外海に面する砂浜海岸において、掘り込み方式の港湾を建設したのが、昭和二十六年（一九五一）着工の「苫小牧西港」で、その後、田子の浦港・石巻港・鹿島港・富山新港・新潟東港・仙台新港などの工業港が、高度な築港技術によって建設されたのである。

「富山新港」は、昭和三十五年（一九六〇）「港湾審議会第十三回計画部会」の議を経て、昭和三十六年（一九六一）九月、一・八平方キロメートルの掘り込み港湾として着工、七年後の昭和四十三年（一九六八）四月に開港することができた。

その後、港湾施設の整備が進み、昨年の昭和五十五年（一九八〇）度の海上出入貨物量は、約四〇〇〇万トンに達したかと思う。

「放生津潟」の改良については、明治・大正・昭和にかけて、地元の新湊において度々話題となり、県会の議にも付せられたが実を結ぶに至らなかった。

特に、昭和十五年（一九四〇）には、卯尾田毅太郎衆議院議員（新湊町長）の議案のもと、国会で「五千万円計画」として議決されたが、日中戦争の長期化によって立ち消えとなってしまった。

私は射水平野に生まれ育ったので、湿田と闘う農民、農家の苦労をよく知っていたから、大正六年（一九一七）、南原繁先生（元東大総長）が、射水郡長在任の折に提唱された「射水乾田化」を、是非とも実施したいと考えていた。

このことについては、岩波書店発刊の『南原繁全集』第六巻の付録に、私が、「射水郡長南原繁」として書いている。

「放生津潟」が、排水に大きな役割をもっていること、また、しじみ、ふな、などの漁獲、近村地域との舟運などもあったが、狭い日本の国土からみると遊んでいるようなものかと考えていた。

私は、「富山新港の建設」と「射水乾田化」を、一挙に成し遂げることができないものかと考えていた。

このことは、時あたかも国が推進しようとしている「経済開発」と「農業近代化」の大方針に応える事業でもあった。

当時、わが国の四大工業地帯への産業と人口の集中がめざましく、都市の過密化と、地域格差の拡大が社会問題となっていた。国は、これを打開するために、「拠点開発方式」による、国土の均衡ある発展を目的とした「全国総合開発計画」を、昭和三十七年（一九六二）十月、閣議決定した。

そして、「低開発地域工業開発促進法」と共に、工業港を中核とした「臨海工業地帯」の整備により、地域開発を推進する施策を打ち出したのである。

昭和三十九年（一九六四）、富山高岡地区が「新産業都市」の指定を受け、「富山新港」を中心に、新しい産業都市づくりの第一歩を踏み出したのである。

当時、「富山・高岡」「岡山・水島」「大分・鶴崎」の三地区が、新産業都市の候補地の中で優等生と評価されていた。

「富山新港」の建設がほぼ計画どうりに進行したのは、「放生津潟」近辺の各村々、地区の「用地買収」に対する協力があったからである。

当時、昭和三十年代後半の新川新湊市長、各村長、農協、農家、関係者に、感謝したいと思う。二、三の地区で「用地買収」が進まず、造成計画を変更、開港が遅れてしまったところがある。

もっとも、本地区の「用地買収」も、「農地価格」やその他の問題もあったが、昭和四十二年、新湊市長となった内藤友明氏の努力によって解決をみることになった。

「富山新港」の造成も、計画から建設までの十余年間、すべてが順調にいったわけではない。「港口切断」を控えて、「一週間以内に命を奪う」という脅迫の手紙が来て、私服の刑事さんが私の身辺を警護してくださったこと。

県道の「魚津氷見線」の港口切断部分を、地下道で結ぶことも検討したが、地盤が弱い上に距離が短いとして、国が認めてくれなかったこと。

新産の区域の決定や、新港造成について、呉東と呉西、富山と高岡という対立があったこと。

祖先伝来の「美しい水田」をつぶして、何が、県土発展か、などの一部マスコミ関係者の出版があったこと。

その他、幾つかの問題があったことなどを回顧するとき、よく大事なく完成できた、と、感無量である。

「富山新港」背後の工業用地四一六万平方メートルには、昭和四十年代の高度成長期には、約四〇社が立地したかと思うが、五十年代の安定成長期に入って、停滞状況が続いているかと思う。

企業立地は、世界経済、国内経済の動向からみて、ここしばらくは、厳しいと考える。

港の評価は、十年や二十年で語ることはできない。開港してから十三年…、石油や石炭などのエネルギー問題、新港東部海岸の埋立計画、西側海岸埋立地の活用問題など、今後、更なる努力を続けていかねばならない。次の世代のために念願するばかりです。

私は、昭和三十八年と四十一年の二回にわたって、シベリア一帯を視察して、対ソ貿易の重要性を痛感した。『ソ連見たまま』『シベリア探訪』に、私の考えや願いを記録しておいた。

将来、国際的に難しい問題も多いと思うが、希望を捨てずに努力を続けていただきたいと念願するばかりです。

莫大な資金、高度な技術、環境、生態系の変貌などへの対応など、多くの困難を乗り越えていかねばならない。この大事業、容易なことではない。

重ねて記録しておきたいことは、「富山新港」の建設は、昭和三十年代の国の施策の「国民所得倍増計画」「港湾整備五か年計画」「新産業都市建設促進法」「低開発地域工業開発促進法」などによる、一連の「長期経済計画」を達成するための大事業である。

先に述べたが、私はつとに、県土発展の理念として、「野に、山に、海に」の開発構想を描き、達成への信念と情熱に支えられてきたことを、改めて回顧している。

新湊市のみなさん、本当によく理解し、ご協力していただいたと思う。よい時期に、「富山新港」を建設することができた。

「港は生きものである。」、いつの時期、いつの時代になっても、これで完成した、というものではない。

港の生命は、国の経済と共にあるとはいうものの、これを愛護し、発展を願う人々の総意によって育てていくものである。

富山県、富山県民、わけても、地元、新湊市のみなさんの絶えざる努力を念願してやまない次第である。」

昭和五十七年三月一日

吉田先生を、東大の付属病院にお訪ねし、回想の記「富山新港を造る」を成就するために、お話を拝聴してから、一年後の、昭和五十七年（一九八二）十一月十六日、先生は、「虎ノ門病院川崎分院」で逝去された。

先生は、昭和五十八年（一九八三）六月十日発行の『富山新港史』を見ずに亡くなられた…。先生は、どんなにこそ、この本の発刊を待ち望んでおられたことでしょう…。

私は緊張しながら、二日間、五時間に及ぶお話を速記したのである。終始、病床にお休みになったまま、資料も見ずに、丹精こめてお話くださったお姿、三十八年を経た今も感慨深く、このご縁に合掌するばかりです。

平成三十年（二〇一八）七月十一日、「富山新港開港五十周年」の記念式典が挙行された今日、吉田実先生の回想の記「富山新港を造る」を改めて拝読した。国の、県土の、射水郷の大開発事業、この「富山新港」建設の意義、経緯を、これほど達意の文章で、端的に記されているものがあるだろうか。

昭和六十一年（一九八六）十一月三日、『吉田實とその時代』が、「吉田實顕彰会」から発行された。

編纂委員長の小浜喜一氏の指導総括のもと、『富山県史』の執筆者であった、北林吉弘、高井進、八尾正治の四氏によって執筆された。私は編纂事務局長として、二年間に六八回開催された委員会に関わる資料の調整、校正などに当たった。

吉田実先生は、大島村長三期九年、富山県知事四期十三年、衆・参両院議員として十一年…、県政、国政の発展に尽粋、身を挺してご活躍になりました。「富山新港」建設の大事業は、先生の高邁な識見と透徹した先見性、「何事も成さずんばやまず」の気迫をもって成されたものです。

先生はまた、優れた知識人として、多くの著書を発刊されている。なかでも、先生が、昭和三十六年（一九六一）の六月五日から七月十五日までの一か月余、「地方自治体国際連合（ＩＵＬＡ）ワシントン会議」に、日本代表団長として出席され、会議の『地方行政国際会議参加報告書』を、日本地方自治研究所から発行されている。また、この折の欧米旅行記『空間の国と時間の国々』（昭和三十七年四月十五日発刊）の中で、各国の国勢、国状を述べながら、地方自治発展の理念、理想について記述しておられる。

当時の地方誌に、吉田先生を、幕政改革に尽くした「新井白石（一六五七―一七二五）」の如きか…、と評していた記憶がある。

吉田実先生の主な著書

・『富山県の歴史と文化』（共著）昭和三三年　・『野に、山に、海に』昭和三四年
・『空間の国と時間の国々』昭和三七年　・『ソ連みたまま』昭和三八年　・『ラテンアメリカ報告』昭和四一年　・『シベリア探訪』昭和四二年　・『中国―一九七一年秋』昭和四六年　・『吉田久』昭和四八年・『大人も昔、一度は子供だった―子供文化財ノート』昭和四六年　・『モンゴル発見―遊牧民族のユートピア』昭和五四年　等。

二、「富山新港建設の経過をふりかえって」

―地元市民の理解と協力によって開港式を迎えた―

元新湊市長　内藤　友明

昭和五十七年（一九八二）四月下旬、小浜委員長から、元新湊市長の内藤友明氏の回想の記「富山新港建設の経過をふりかえって」を受けとった。

お渡ししてあった規定の原稿用紙以外の、三十数枚の細字の記を見たとき、委員長に、「再度、規定原稿用紙を持参して、少し短くしていただきましょうか」と申し上げたら、「いや、全文、載せましょう、これを規定原稿用紙に書き抜いてください。」

編纂事業のうち、各委員の提出された記述文を校正することが、私の重要な仕事だが、編纂事業開始以来二年を経過し、発行まで、あと一年余というこの頃は、校正のための夜間の家庭作業が続いていた。

当然のことながら、文意、語義がよく分からないとき、転記は容易ではない。結局、三週間かかって三校正を終えることができた。

以下、内藤先生の回想の記「富山新港建設の経過をふりかえって」の概要を記述する。

「明治から今日まで、「放生津潟」を掘って港にしよう、という計画をうちだした中心人物に、川口慶造と卯尾田毅太郎さんがいらした。

大正九年七月に、新湊から「放生津潟築港調査に関する請願書」を、富山県知事に提出したが、進展しなかった。

また、昭和十五年（一九四〇）、新湊町長であり、衆議院議員であった卯尾田毅太郎先生が建議された、「放生津潟を中心として、富山・伏木・小杉を運河で結ぶ五千万円築港計画」は、戦況拡大のために進行しなかった。

昭和三十年（一九五五）二月であったか、当時の運輸大臣三木武夫（日本民主党）の政策研究会で、国の経済発展に伴い、東京・横浜・名古屋・大阪・神戸の

「五大港拡大改良計画」についての説明があった。

私は、三木先生と同じ党派であったことから、今後のソ連、朝鮮、中国との貿易の重要性を述べ、日本海沿岸の港の改築について進言した。

その後、昭和三十一年（一九五六）十月、初当選した県知事の吉田実が、就任直後、運輸省の港湾局長から、「放生津潟を基軸とする新港建設構想」を提示されたのである。

しかし、この「新港建設構想」が発表されてから、昭和三十六年（一九六一）九月着工までの約五年間、県内では、さまざまの反対論があった。

富山市では、新港建設より和合港の改築が先ではないか、高岡市では、伏木港の拡張改良が先決だ、との要望が強く、「新港計画」は四面楚歌、ほとんど白眼視の有り様だった。

しかし、吉田知事の「県勢総合計画修正四か年計画」に基づく「富山新港建設計画」が、運輸省の「港湾審議会第十三回計画部会」で承認され、昭和三十六年（一九六一）九月から、国の直轄事業として着工されたのである。

工業港湾として、新港背後の工場地帯造成のために、放生津潟周辺の「民有農地」を買収しなければならない。この周辺村部の農家からの、約九七五万平方メートルの「農地買収」は難航をきわめた。

最重要事項は、「土地価格」の決定であった。このために、県は、「新港建設関係事業土地評価協議会」を設立し、吉田知事を会長として委員八人で、「用地の適正買収価格」を諮問した。

ところが、委員八人のうち農業関係は私一人で、話の内容は、いつも、工場誘致を容易にするため、如何に買収価格を低くするかであった。私から考え、これらは、「農地の適正価格」とは、ほど遠いものであった。

私は、一委員として、会長吉田知事に対し、「意見書」を提出した。

(意見書は長文である故、その要旨の一端を記述する)

・土地所有者の財産権は、憲法第二十九条に、「これを侵してはならない」と規定していますが、一方、常に公共の福祉に反しない限り…、という制約があります。これは即ち、同条では、私有財産は、正当な補償の下に公共のために用いることができることを明らかにしているものです。つまり、所有権を主とし、正当な補償をしなければ、その用に供することができないのです。

・「新港建設」が、国家的要請に基づくものであるとはいえ、土地、農地は所有者の生活の手段であり、生存の場所なのです。このたびの「新港建設」による土地の買収は、他に類例のないほど、地域住民の多数に不安を与えています。「補償問題」の処理に当たって、適正に善処されるよう熱望します。

・現行税法では、土地を売り渡した者が、所得税その他の税金を納めることになっているが、このたびは、国の事業遂行のために買収されるのであるから、道理上、納税という犠牲を強いてはならないものと考えます。

・工場用地の素地が高いと、工場誘致が進まないというが、元来、工場用地は誰のためになされるのか、国や公共団体の要請だからということで、土地価格が安く決定されれば、犠牲を土地所有者に負わせることになります。

・以上の考え方に従いまして、私なりに、「基準価格」を試算致しました。何とぞ、適切にご決定下さるよう希望致します。

この「意見書」は、全委員に配布されたが、以後、この委員会は開催されなかった。そして間もなく県は、三・三平方メートル（一坪）二七〇〇円を提示した。

これは、希望価格よりはるかに低く、農業者は買収に応じようとしない。

私は、「土地評価」について、次の見解を知事に提出した。

・県は、「農地の評価」について、三・三平方メートル（一坪）当たり、二七〇〇円を提示したが、私が昨年の昭和三十九年（一九六四）七月、知事に申し入れた価格は、三八三四円であった。差額が大きすぎる。これでは、徹底した「離農対策」が進まない。

・農地の評価額を、収益資本還元方式により算出する場合は、買収地帯の農業生産の実収益に基づくべきであるのに、県が採用したのは、平均数字で、農業の本質を考慮されていない。

・農業の本質を考慮すれば、

①転業補償の期間は最低五年間とすべきである。

②離農ならびに転業に対する指導援助、農業継続希望者に対して、代替地の斡旋などの万全の方策を立てるべきである。

③解雇予告手当相当額の算出は、労働基準法による「使用者が労働者を解雇する場合」と、「農業者が農地を売り渡す場合」とは、その意義が全然異なる。従って、この期間は、稲作農業の一年一作という現実に即して計算されるべきである。

・農地および建物などを売り渡した譲渡所得に課せられる諸税については、補償の一環として、買収価格に算入されるべきである。

しかし、これらの私の意見は、ほとんど採用されなかった。

このような事情や背景から、「土地買収」は遅々として進まず、開港が遅れるのではないか、と懸念されていた。

私は、これまでの経過をふり返って、「新港建設」に尽くしたいの一念から、昭和四十二年（一九六七）七月の新湊市長選に立候補したのである。

市長当選の直後から私は、堀岡・片口・久々湊へと、農家の説得に回った。理解が得られるまで、二度、三度と、訪問を重ねた。

昭和四十二年十月になって、ようやく全地主の了解を得ることができた。そして、「港口切断」についての「覚書」を、昭和四十二年十一月十三日、県庁知事室で取り交わした。

覚書（富山県知事　以下「甲」、新湊市長　以下「乙」という）

1. 臨港鉄道の早期実現については、甲乙両者が努力することを確約。

2. 港口本切断については、甲は十一月十八日（土）を希望するので協力されたいとの申し出に関し、乙は懇請の趣了承し、市議会等に諮り善処する旨回答。

3. 第一貯木場を早急に具体化することを確認。これにより今後の港湾事業進捗に支障なきようにし、かつ、日本高周波鋼業株式会社富山製造所の拡張計画達成に配慮すること。

4. 牧野地区内の小杉往来と大門往来とを結ぶ新バイパス道路について、乙は速やかに完成されたいと希望したのに対し、甲は十二月初旬までに工事完了したいと回答。

5. 富山新港建設のため離農する者の対策は、県と市が緊密に連絡をとり、遺憾なきを期するよう甲乙両者が合意。

6. 東部地区開発計画のうち、海老江呉羽線の拡張舗装ならびにその他の計画道路の実現につき、乙の申し出を甲は必ず善処する旨回答。

7. 新湊市の財政について、乙の申し入れに対し、甲はそれぞれ次のように確約。

(1) 富山新港建設等による赤字の解消については、県は特別交付税市有財産買い上げその他の方法によって特に配慮する。

(2) 富山新港地元負担金は、償還金一〇〇〇万円以上に達する昭和四十四年以後必ず考慮する。

8. 港口切断により東部地区住民の不便を軽減するために、市が実施する公共施設に対して、県は必ず援助することを確約。

9. 富山新港建設事務の円滑化を図るため、県の機構につき整備されたいとの乙の希望に対し、甲は善処する旨回答。

昭和四十二年十一月十三日

甲　富山県知事　吉田　実

乙　新湊市長　内藤　友明

かくして、市の要望を県が受け入れたので、昭和四十二年（一九六七）十一月二十三日の勤労感謝の日に、「港口切断」が行われた。

ところが、切断の準備が進むにつれ、「港口切断反対」の運動が熾烈となり、県内外の労働組合員が、数台の大型バスで市役所へ押しかけた。

数日して収まり、大勢に影響なく、昭和四十三年（一九六八）四月二十一日、「開港祝賀式」を新湊高等学校で挙行、吉田実知事のもと、運輸大臣代理の宮崎茂一港湾局長、アメリカ合衆国大使代理フランシスマクネル氏の出席があった。

引き続き、公共ふ頭に、日本郵船の「三河丸（五八五四トン）」が初接岸し、二千余人の出席を得て、盛大に「富山新港」の開港式が挙行された。

私は、新湊市民を代表して、何か、一つと請われ、

「あたらしく港ひらきてこの国の経済史ここに書きかえむとす」

と詠んだ。この歌碑は、「富山新港」開港記念碑と並び、日本海を背にして立っている。」

三、「富山新港の思い出あれこれ」

―新港建設は予想をはるかに越える大事業であった―

元富山県副知事　堀岡　吉次

元副知事の堀岡吉次氏は、富山県庁在勤の約九年間、吉田実知事のもと、「富山新港建設」のために尽力された。特に、副知事であった昭和三十九年（一九六四）十月から四十二年（一九六七）四月までの約二年半は、開港に至る直前の最も重要な時期であった。

先生からの回想の記「富山新港の思い出あれこれ」の初稿を、郵送でいただいたのは、昭和五十七年（一九八二）の七月末であった。初稿の校正を終えたとき、小浜委員長が、「少し加筆していただきたいから、申し訳ないが、鎌倉へ行ってきてください…」と言われ、私は、堀岡先生のご自宅の鎌倉へ参上したのである。

九月上旬のまだ暑い日であった。午後一時過ぎから四時ごろまでの約三時間、初校正をみていただき、三十分ばかりで、加筆にも応じてくださって、先生から「新港建設」時のご苦労についてのお話を拝聴した。

「あんた、こんな遠いところまで来ていただいて、ありがとう、よくこんな難しい仕事、引き受けられたね…、後半の「ヘドロの海中投棄」のところで、五、六行、つけ加えました。これでいいでしょう、あとはお任せします…。

新港建設のこと、十五年経っても、あれこれ思い出します。大変だった。命をけずっているようなものだった。単身赴任の私は内へも帰れず、家族から小言も言われてね…、思い出はいろいろありますが、とても書き尽くせないものです。」

以下、この日の先生のお話と、回想の記から、その概要を次のように記述する。

「…何にしろ、国の直轄の大事業でしたから、特に、運輸省、県、地元新湊市、関連機構・諸団体などの折衝…、よく乗り越えたものです。

特に、三、四日徹夜状態で苦労したのは、「港口切断」の同意を取り付けるための交渉でした。あれは、昭和四十一年（一九六六）の春だったか、交渉の大詰めにきたとき、堀岡地区代表と、通勤者代表の根気づよい交渉に、私も、港湾課長の大江君も、へとへと、逐一、吉田知事に報告し、回答を得て、代表者に当たる、これの繰り返しであった。

彼ら代表者側にしてみれば、「県道魚津氷見線」「地鉄射水線」の切断は、通勤、仕事、生活などの細部にわたる不安から、さまざまの代替事項を主張し、容易に同意しないことは当然である、と思ったが、何分、港口を切断しなければ…、「新港建設」はできない。

地鉄労組、通勤者同盟との徹夜の交渉、マスコミとの対応、警察官の動員、命に係わるような脅迫など、全く、予想できない問題が起こりました。

約一年後の昭和四十二年（一九六七）六月、「港口本切断工事」の着工に至りました。「連絡船の運航」「う回道路による新湊から富山への地鉄バスの運行」によって、この問題は、一応、解決しました。

しかし、更に、大問題が起きていたのです。

「ヘドロの海中投棄」である。ヘドロの地上処理が不可能と分かり、運輸省と富山県は、「ヘドロの海中投棄」を決したのです。

何分、新湊市の地先海面は、大型定置を始め多種多様の漁業が操業する、県内屈指の漁場である。年間、県内の約二〇％という漁獲高は、氷見市に次ぐものであるから…、実に、この、ヘドロ問題の解決は長引き難渋しました。

もっとも、漁場に大打撃をあたえる問題ですから…、新湊・堀岡・海老江・越の潟の各漁業協同組合の、四回にわたる補償金は、たしか、六億円になったかと思います。

第一回の「漁業補償問題」が妥結したのは、昭和三十六年（一九六一）九月、最後の第四回漁業補償は、昭和四十九年（一九七四）二月十五日、運輸省と三漁協（新湊漁協・堀岡漁協・海老江漁協）との間で、正式の漁業補償契約が締結されました。

「漁業補償」問題の解決には、約十五年を要したのです。

東・西防波堤の築工、泊地、航路の浚渫、東・西地区の埋立など、広範囲にわたる「漁業補償」問題、実に、複雑、多岐、ずいぶん苦労しました。

第三回の補償では、昭和四十五年、四十六年にわたって、「ヘドロの海中投棄」による土砂の巻き上げ、漁網・漁具の被害、海水の汚濁などに対する補償として、近接の富山・高岡・氷見の三漁協に、三三〇〇万円を支払っています。

私は任務中、「富山新港」建設のことで、十数回運輸省へ出向いたが、昭和四十二年（一九六七）二月の時点で、漁業補償額の増大について、運輸省主計局から厳しく言われていたのです。

昭和四十二年以降の「漁業補償」の問題については、県の総合計画部長の小浜喜一さんや、その地域開発課長の盛一雄君から聞いて知ったのですが、「漁業補償費」は、全建設費の約七％にもなったそうです。

「富山新港」建設のあれこれをふり返って、この大事業は、全国に類例のないほど、予想、算定のつかない問題が多かったと思います。

これは、余談になりますが、「港口切断」について、もう少し詳しく書こうか、と思いましたが、記録はいつまでものこりますからね…、

「新港建設」の大事業のクライマックスは、地域代表との間で「港口切断」の同意を取り付けた交渉です。私は、総合計画部の代表とともに、何日も、深夜まで交渉を続けました。知事と相談して回答する、交渉団の代表が知事と会う、わ

れわれが代表団と会う、これの繰り返しでした。

深更、二時、三時に帰県しても、ほとんど知事はわれわれを待ってくれていました。この交渉の最難点は、「港口切断」後の通勤者の足の確保でした。連絡船の運航は相当な幅があるし、新湊から富山への地鉄バスの運行ダイヤの作成は、地鉄労組の承認が必要、地鉄、地鉄労組、通勤者同盟、県、地区振興会、相互に問題があり、もめにもめた結果、合意書が作成された。地鉄の労組はよくやってくれたと思う。

「港口切断」の混乱に備えて、数日、多数の警察官が動員されたこと、また、一部、行き過ぎたマスコミの取材に関するトラブル、全国放送、放映のラジオやテレビにも、県一同、緊張の数日間を送りました。十五年経った今日でも、昨日のことのように思い出されます…。

吉田知事からは多くのことを教わりました。立派な知事でした。当時、総合計画部長だった小浜さん、実によく努められました。いま、この、「新港史」編纂委員長ですね、よろしく申し上げてください。」

四、「住友化学誘致の思い出」

―新港背後地の工場誘致が最重要課題であった―

元富山県副知事　小林　謙

昭和五十七年（一九八二）三月上旬、私は、元富山県副知事の小林謙氏から、回想の記「住友化学誘致の思い出」の初稿をいただくために、「富山新港」背後地、う回道路沿いの富山軽金属工業㈱工場の常務室を訪ねた（四十八年七月、三協アルミ入社）。

約束の午後二時に工場へ上がったが、突然の来客ということで、一時間近く待ったかと思う。小林氏は、

「申し訳ないが、依頼されていた頁の半分ぐらいしか書けなかった。あれこれ忙しいことが続いていてね…。私の副知事当時（昭和四十二年六月～四十四年十一月）、最も苦労したことの二、三について書いておきました。後は、全てお任せし

ます。」

「一昨年、中沖知事から、新湊市で『富山新港史』を編纂されると聞き、正直、大丈夫かな、どんなスタッフでやられるのかな、新湊の渡辺市長、よく引き受けられた、と思いました。

しかし、編纂委員長が、元総合計画部長の小浜喜一さんと知り、また、編纂委員のメンバーをみたとき、なるほど、と思いました。三年間でやられるそうだが、何しろ「新港建設」は大事業でしたから…、執筆の各委員、どの部分も大変だと思う。

松下先生、あなたは小学校長を退職されてから、この編纂事務局長を引き受けられたそうですが、新港建設の大事業の出版、大変ですよ…、委員長の小浜さんは、達意、卓見の人ですから、しっかり指示、指導を受けてやりなさい。

この正月明け、県庁へ行ったとき、中沖知事から、吉田実先生の病状が思わしくない、と聞き案じています。

「富山新港」建設は、国の直轄工事でしたが、約十年、全国でも問題の多かったこの新港、吉田知事なればこそ…と思います。すごい、の一言に尽きる立派な知事でした。知事十三年、政治家の本懐これに過ぐるものなし、と言うべきでしょう。

私は、退任間際に、知事に申しました。「富山新港」ができ、各市町村の勢い、県民性などから考えると、このまとまった地形を活かして、モノレールで結べば二時間足らずで、ほぼ、県内一周できますね、と。

知事は、《分からんでもないが、新港建設でもよく分かったが、市街地に大工事をやることは、予測できない資金が要る、それに、現在の技術は、まだ、そこまでね…、百年後かな、簡単なことではないよ…》二人で笑いました。」

小林常務のお話を拝聴していると、「お客さんです」の案内があり、私は、「回想の記」をいただいて失礼した。

以下、元副知事小林謙氏の「回想の記」の概要を記述する。

「昭和四十二年（一九六七）六月、富山県副知事に任命された私にとって最大の課題は、「富山新港」周辺の「工場誘致」であった。万一、工場が来なくて、ペンペン草でも新港に生えることになったら、県としては、まさに破産状態になるわけである。

もちろん、工場であればどんな工場でもいい、というわけにはいかない。初めは、当時の流行に従って、「石油精製」と「銑鋼一貫」工場の二つを中核として、工場地帯を造り上げる、という寸法であった。

しかし、昭和四十二年当時は、すでに、一〇万トン以上のタンカーを使用している「石油産業」が、この「富山新港」を利用できるわけがなかった。銑鋼にしても、最小限、一〇〇万坪の土地を必要とする。こうしたデーターを、当時のスタッフの皆川君や盛君につきつけられ、これまでの青写真を放棄せざるを得なかった。

では、「如何なる工場を誘致すべきか。」

第一には、新港を利用する「臨海工業」でなければならない。次には、その工場を中核として、広く関連工場が誘致できなければならない。「関連工場」、これを「キー・インダストリ」と呼んだ。

「キー・インダストリ」を何にするか…、やがて、段々にしぼられて、「アルミ精錬」こそ「キー・インダストリ」でなければならない、ということになった。アルミは、鉄とともに未来を担う重要な素材である。精錬を中心として、ダイカスト、押し出し型材、アルミ電線等々の、工場体系がもたらせる、と考えた。

そして、それは、ある程度実現したのである。

港湾もある、工場用地もある。用地の価格も、「キー・インダストリ」に対しては、「政策価格」を適用すべきだという決議が、富山県商工会議所連合会でなされていた。県議会も大体それに賛成であった。

しかし、安い土地と港だけでは決め手にはならなかった。もっと何か決定的なものが必要であった。それに対して構想されたのが、「共同火力方式」である。

アルミは、電気の缶詰と言われている。アルミ精錬にとっては、電力料金がどうなるかは、致命的であった。しかも、新規立地するときは、国の認可による、「電力供給規定」に基づく電力価格が適用される。それは、既存の「電解電炉工場」よりも、はるかに高価で不利であった。

新しく立地する場合は、新しい電力が供給されなければならない。

当時、アルミ精錬の電気炉一系列を動かすためには、一二万五〇〇〇キロワットの発電所が必要であった。当時、一年間に発生する北陸三県の電力需要増加を賄うのに必要な電力は、一二万五〇〇〇キロワットであった。

もしも、北陸電力と住友化学㈱で、共同して火力発電を行うとすれば、二五万キロワットの発電所を造ればよい。それは、一二万五〇〇〇キロワットの発電所を別々に造ることと比べれば、二五万キロワット一つの方が、スケールメリットが出てきて、それだけ安価になるはずである。事実、一割近く安くなった。

これが、共同火力の新構想である。今になってみると、なあんだ、大したことではないじゃないかと言われそうだが、当時は、それこそ、コロンブスの卵である。当時の盛、皆川、小林らの合作のすばらしい着想だったのである。

昭和四十二年（一九六七）十月の初め、私は、北電の金井久兵衛社長に共同火力発電への協力を求め、イエスか、ノーかの返事を、今月中にとお願いした。

約束の期限の四十二年十月三十日に、金井社長の代理の原谷敬吾常務と県の職員会館で面会した。原谷常務の返事は「イエス」であった。私は、とどろく胸を押さえて、その場で直ぐ住友化学㈱へ、「北電は、共同火力発電に同意しました。是非、富山新港へ進出してください…」と、電話したのである。

これで、「住友化学の誘致」に成功した。私は、十数年経った今日でも、あのときの光景を、まざまざと思い浮かべることができる。

住友化学のチームは、きわめて紳士的であった。そして、アルミ産地化を激励し、住友化学を斡旋するのにきわめて協力的であった、三協アルミの竹平政太郎社長、武内プレスの武内宗八社長のお二人の力は忘れることができない。

北電の金井社長、原谷常務らの決断にも敬意を表さなければならない。

また、十二分に、われわれを信頼して、「工場誘致」を任せてくれた吉田知事、県議会、内藤新湊市長、市議に感謝しなければならない。

経済社会、産業構造は、時代とともに刻々と変化する。

「富山新港」の工場誘致、今後の発展を祈るばかりである。」

五、「富山新港と共に歩んで」

―心血を注いで日本海に新しい工業港を造った―

元運輸省伏木富山港工事事務所長　和田　善吉

昭和五十七年（一九八二）三月下旬、年度末の午後二時、私は、小浜喜一編纂委員長に従って、伏木港左岸の「運輸省伏木富山港工事事務所」を訪ねていた。和田善吉氏にお会いするためである。

かねてからお願いしてあった、「富山新港」建設に係わる「回想の記」の原稿の郵送をお願いしたところ、「十三年ぶりに新港を見たいし、小浜委員長にもお会いしたいから、直接、工事事務所へ持参します」とおっしゃったのである。

和田先生は、昭和三十六年（一九六一）九月、「富山新港」の建設工事が、国の直轄工事として始まった、その三か月後の、昭和三十六年十二月十三日に、「運輸省伏木富山港工事事務所長」として着任された。

小浜委員長と、事務所長室でお待ちしていると、和田先生が到着された。

「お待たせしました、十三年ぶりに、「富山新港」を見てきました。新港の展望台に立って見ると、先ず、整然とした公共ふ頭の岸壁、林立する荷役機械、チップや原木、石炭、コークスの野積みの山、セメントサイロや発電所の赤白の煙突、工場群のたたずまい…、うねって延びる臨港道路や臨海道路、日本海に突出した防波堤…、今や、四〇〇万トンの貨物を優に扱う「富山新港」、着任当時の、昔の「放生津潟」の面影はどこにも…。

心血を注いだ往時を思い、感無量でした…。ご依頼の「回想の記」、思いつくままに書き少し長くなりました。校正のことは、すべてお任せします…。私、今日、高岡に泊まります、ゆっくり話したいですね。」

和田所長は九州、福岡の人である。

「あれこれ、思い出しますが、前任の、山口県宇部港の建設の完成が近くなったころ、富山へ来たのです。

先ず、市街地の「放生津潟」を見ました。着工して三か月、直感的に、これは、難工事になる、一筋縄ではいかない、な、と思いました。

着任後、十日余りして、私は県の図書館へ行き、弥生式時代以来の「放生津潟」の変遷について調べました。

三千年の永い歴史のなかで、多くの人々が苦労して開拓してきた、この「放生津潟」一帯の射水郷、十万余の住民が生活しているこの市街地、ここを、土木工学的に加工改造して、「工業港」を造成する壮大な構想を実現せんとした、吉田実知事とは、どんな人かと思った。

私は着任一か月後、年明けて、富山地学会の藤井昭二先生をお訪ねした。先生は、今、富山大学教授かと思うが、直ぐ先生に、「放生津潟」とその周辺を、自然地学的な見地から探査していただきました。

富山湾の生成過程、放生津潟の変遷、射水平野の沖積過程、海岸砂丘の移動、泥炭の調査、更に、人文地理的見地から、射水平野の開拓と干拓の歴史についても調査していただき、二日間にわたって説明を受けました。

これらの資料、研究記録は、この事務所にも保管してあるはずです。

私が、「運輸省伏木富山港工事事務所長」として、富山県へ来たのは、二十年前の昭和三十六年（一九六一）十二月十三日でした。

当時、富山県は、一万五〇〇〇トン級船舶の入港可能な「富山新港計画」を、「県勢総合計画修正四か年計画」で策定し、これが、昭和三十五年（一九六〇）十二月、国の「港湾審議会第十三回計画部会」で承認され、昭和三十六年（一九六一）九月から、運輸省の直轄工事として着手されたばかりの時期でした。

「富山新港」の着工を追うように、三十六年に、国で、「所得倍増計画」が立てられ、それが、「工業都市分散論」「地域格差是正論」と相まって、新産都市建設へと進み、「富山高岡地区」が、昭和三十九年（一九六四）四月四日、「新産業都市建設促進法」による指定を受けたのです。

「富山新港」は、国の要請によって生まれた港であるが、この建設構想の基は、昭和三十四年（一九五九）の年頭、富山県知事吉田実によって提唱、公約された「野に、山に、海に」の、県土発展の理念によるものです。

港の施工計画の根本は、一つに、施工手段の決定、二つには、工程計画の作成である。具体的なことは難しいのですが…、先ず、捨石工事の膨大な量の石山の開発です。

また、防波堤の本体となる「ケーソン製作」については、あらゆる製作方法の検討と改良を図りました。その一例ですが、当時としては革新的な、プレパクト台船、クローラー台船、五〇トン起重機などを新造したのです。

当時の防波堤の計画延長は、東一〇〇〇メートル、西七〇〇メートルでしたが、水深の深い部分は「ケーソン堤」を採用したが、一個、一〇〇〇トン以上に及ぶケーソン（函塊）の製作は、富山港内にある日本海重工業の一万トンドライドックを利用することができたので、効率が良く、経済的にずいぶん助かりました。

築港の大規模工事で、基幹となる工程の一つは、「ケーソンの製作」である。昭和三十八年（一九六三）春から始まる西防波堤の工事に備えて、三十七年の年内までに大量のケーソンを造り、東防波堤の遮蔽内に仮置場を設け、沈設しておいたのです。

ところが、三十七年から三十八年の越冬で、日本海の風浪により、ケーソンの基礎の沈台が取られ、不等沈下を生じ、大量のケーソンに亀裂が生じ、長手方向にねじれてしまったのです。

これを放棄すれば、一個、数千万円です。なんとかしなければならない…。大量のケーソン本体の補修、補強はもとより、基礎捨石の沈下と洗掘を防ぐため、「アスファルトマット」を研究し、使用しました。これは、全国初の技術開発となりました。

約五か月、全く命がけの作業でした。この「回想の記」に、工事内容の一端を書いておきました。九州生まれの私には、日本海の冬季の風浪、波圧は、全く想像もできなかったのです。

「漁業補償」問題も複雑で、予想外の事項が続いておりました。昭和三十七年(一九六二)春ごろまでには、第一回の補償協定は一応解決に至っていましたが、防波堤工事の進捗に伴い、「港口切断」に関する問題が切迫してきたのです。

富山湾と放生津潟を分離している幅員一二〇メートルの砂丘の上には、「県道魚津氷見線」と「富山地方鉄道射水線」が平行して走り、これが、新湊市と富山市を結ぶ、海岸沿い唯一の交通機関であったのです。

従って、「港口切断」に伴って、新湊ガス㈱の天然ガス路線、新湊市の水道路線、北陸電力㈱の送配電線、電信、電話等の切断、堀切水門撤去に伴う塩害問題、その他、数々の「補償問題」が起きてきたのです。

私の在任中、最も労力と時間を費やし、悩まされたのが、この「港口切断」の補償問題であったが、県と市の関係者の献身的な協力により、「渡船の就航」「最短う回」ということで、一応の解決をみたのです。

大事業には、予想もつかない「補償問題」が起きることの腹積もりがあったとは言え、この「港口切断問題」は、生涯、忘れることができないと思います。

この「港口切断補償費」が倍増してしまって、説明に、大蔵省の主計局に上がったとき、「これでは、東海道新幹線の二の舞ではないか…」と、激しく叱責されました。

私は、着任して約三か月が経ったころ、若輩ながら、直接、吉田知事に、「新しく「総合計画部」を設置してください」と、訴えました。

それは、「県勢総合計画」という立場で、国の直轄の大事業を進めるには、現在の県の「港湾管理」という「港湾行政」の枠のなかでは、多くの困難な問題処理が進まないのではないか…、と申し上げたのです。

そして、昭和三十七年（一九六二）四月、通産省の佐賀新太郎氏が初代の「富山県総合計画部長」に就任されたのです。

私は、着任以来三年目になって、「東・西防波堤」がその雄姿を現してきた時点で、今までやってきたことをまとめて、整理したい、資料として残したいと考え、富山市岩瀬の事務所の寮で、七名の職員を指導し、一週間でやり遂げました。先に申しました、「富山地学会」の調査、研究資料なども共に保管してあります。

着工以来二十年を経て、「富山新港」は着実に施設を充実し、日本海に雄姿を誇っています…。

港外部も、西側地区埋立地が概成し、東部地区の埋立が着工されようとしています。

吉田県政を引き継いだ中沖豊知事も、「活力ある富山県づくり」を提唱し、「富山新港」の更なる発展をめざして、力を尽くしておられます。

余談ではありますが、あの「三八豪雪」には閉口しました…。伏木から新湊市内を通り、「富山新港」の現場まで、一部、屋根づたいに歩いた。また、三十八年一月早々、新潟港へ出張したが、豪雪に一週間も閉じこめられ、第九管区海上保安部の巡視船で、伏木に帰ることができました。

あのときの、六、七メートルの高波に二十数時間たたかれたときのこと、忘れることができません。

小浜先生、あなたは、新港建設の後半、大詰めで、本当によくやられました。私も、あの、吉田知事の透徹した理念、気迫に憑かれて、よく働きました…。

委員長さん、『富山新港史』の発刊、期待しております。」

工事事務所の外まで出て見送ってくださった和田善吉氏、日本の港、いくつ造られたのであろうか…。午後五時を過ぎた伏木港の岸壁には、明かりをつけた船が二隻碇泊していました。

六、「富山新港建設の露払い」

―「富山高岡新産業都市」の指定が重要課題であった―

元富山県総合計画部長　佐賀新太郎

佐賀新太郎氏は、富山県の初代「総合計画部長」として、「富山高岡新産業都市」の決定と、「富山新港」建設の先駆的な基礎条件を、関係官公庁と折衝して、着工への道を開いた人である。

私は、先生の回想の記「富山新港建設の露払い」の原稿をいただくために、東京都の町田市のご自宅へお訪ねしたのは、昭和五十七年（一九八二）の四月上旬であった。

佐賀先生も奥様も、ともに新湊市のご出身であり、奥様のすい子さんは以前からの知人であり、実家も近かったので、町田市への出張は、小浜委員長に私からお願いしたのである。

「松下先生、よく来てくださいました…、実家の母が、新湊東部中学校のPTAでお世話になったようで…、主人が、富山県庁から帰って、もう十八年になります、早いものですね…。」

午前中、二時間ばかり佐賀先生から、原稿についてお話いただき、午後は「富山新港」建設について、初代の総合計画部長としての苦労を思い出しながらのお話を拝聴して、ご自宅を出たのは午後三時頃であった。

以下、先生の「回想の記」を基に、お話いただいたことも想起しながら、先生の回想の記「富山新港建設の露払い」の概要を記述する。

「昭和三十七年（一九六二）四月、あのとき、通産省から、突然、富山県への出向の命を受け、吉田知事から「総合計画部長」の辞令をいただいたが、その時点では自分の任務の重大さが、よく分かっていなかったのです。

その日、多くの新聞記者に囲まれ、質問攻めにあったとき、なぜ、こんなに、という懸念はあったが、二、三日して、県で初めて設置された、この「総合計画部」の任務を理解したとき、任務の重大さにおどろき、自分の軽率さ、若さに、しばらく、ほろ苦い心境でいました…。

しかし、その後、連日のように、知事から話を聞くうちに、吉田知事の「富山新港」建設に懸ける強い信念、情熱、その慧眼に接し、「総合計画部長」としての任務を痛感、肚を締めてかからねば…と、思いました。

富山県が、通産省に、なぜ私の派遣を求めてきたのか、分かりました。

昭和三十七年（一九六二）四月から、三十九年（一九六四）九月までの、二年六か月の短い期間であったが、この、富山県初の「総合計画部長時代」のことは、郷土富山県人として、生涯忘れることはできません。

県として、当時の最重要課題は、「富山新港の建設」、背後の「臨海工業地帯の造成」のために、なんとしても、国からの強力な援助を引き出すことでした。そのための必須条件は、「富山高岡新産業都市の指定」を受けることでした。

戦後十年、昭和三十年代に入っての、国の最大政策の一つとして打ち出されたのは、「地域開発」「拠点開発」方式を進めるための「新産業都市の建設」でした。

一部の都道府県を除き、全国の各地から「新産の指定」を受けるための熾烈な「指定獲得競争」が始まったのです。

私たちは、指定を受けるために、約三〇〇ページの『富山高岡地区新産業都市建設計画書』を作成し、関係各省庁で説明し、陳情しました。

富山県の動きに、全国の各地区も刺激され、富山県の計画書は各方面から配布の申し込みがあり、増刷を重ねて要望に応じました。

ところが、思いがけない難題なことが起きたのです。

それは、富山市周辺の十三市町村が、産業都市指定獲得のための、「なだれ込み作戦」を始めたのです。計画の一部には、立山の頂上までの開発を提唱したものがありました。

こんなことになって、当初は、「岡山・水島地区」と並んで、第一次の指定グループに入るものと期待していたから、全く閉口してしまいました。

職員一同、計画を作成し直す大作業を徹夜で行い、再度、関係省庁へ説明に上がり、最後のグループの指定に滑り込みができたとき、一同、手をとり合って喜びました。昭和三十九年（一九六四）四月四日の指定でした。

「三八豪雪」に埋もれたこの一年、県内の区域拡大紛争が一年近くも続き、マスコミなどから各様に言われたこと…、一時は、指定の危機さえ感じ、頭を抱えこんでいました…。このようなこと、他の府県にあっただろうか…。

もう一つは、「港口切断問題」です。

「富山新港」港口一帯は、「県道魚津氷見線」の沿道に住民が生活する市街地である。東苫小牧や鹿島地区のように、原野に「掘り込み港湾」を建設するのとは、全く異なる。建設着工以前に解決すべき問題が山積しており、反対運動が起きることは、関係者の大半が察知していた、と思う…。

このような、「放生津潟」周辺、射水郷一帯の環境、実態を熟知しながら、「新港建設」の大改造を決断した、吉田実知事、富山県の明治以来の大開発の「電源開発」「立山・黒部アルペンルート」に続く「富山新港の建設」、この世紀の大事業を成し遂げた、歴史的な政治家と言わざるを得ない。

「港口切断」、これを貫徹しなければ、港は造れないのです。

「港口切断」によって影響を被る「公共的施設」のうちで、その問題解決に難航を重ねたのは、コンクリート造りの橋を含む主要地方道、「県道魚津氷見線」と富山地方鉄道㈱の経営に係る、「地鉄射水線（鉄橋を含む）」の切断である。

この二つの問題は、不特定多数の住民全体の民生と経済に影響を及ぼし、交通体系に変革をもたらすものでしたから…、その交渉に心血を注ぎました。

県道の切断について、例えば、北九州市の「若戸大橋」のようなものを造れとか、また、「海底トンネル道路」を造れなどの意見が、声高に叫ばれもしたが、何より、莫大な資金を要すること、地質やその有効性などの問題点を説き、了解を求めました。

数々の曲折を経ながら、結局、新港の後背地を経由する「う回道路」の建設と、地元住民無料の「連絡船」を就航させることに決しました。

「地鉄射水線」の切断については、経営政策上の大問題であり、政治的配慮の点から、主として、知事自ら折衝に当たられたが、私の在任中には、具体的な妥結には至らなかったのです。

「農地買収」や、「漁業補償」のたび重なる折衝の場、問題を論議する場においても、罵声や怒号を浴びたが、地元に及ぼす迷惑を詫びながら、誠意をもって理解と協力を求めるより致し方のない、大事業でした。

世上、多くの「総合開発」において、「補償問題」が解決すれば、事業の七割が解決したも同じ、と、言われますが…、とにかく、地元新湊市、市民の理解と協力がなければ、国の直轄事業といえども、完遂できただろうか、と思います。

漢語に、〝滄桑の変〟という言葉がありますが、開港後十余年、新湊の地に育ち、放生津潟一帯の射水郷の農村風景を知っている私にとって、今日の「富山新港」の威容は、実に〝今昔の感〟ひとしおのものがあります。

富山県百年の大計的見地からみて、正当な評価が与えられるのには、永い年月を要することでしょう。しかし、軽々に評価は…、それは、「富山新港」を守り育てていく後世の人々の努力あってこそ、可能かと思います。

在任中、特に、吉田知事、各部課長、各省の出先機関、新湊市の関係各位…、多くの方々から、理解と協力、励ましをいただいたことに、深く感謝申し上げる次第です。」

話の終わりに、佐賀氏は、

「長くなるので「回想の記」には書きませんでしたが、「新産業都市」の指定の規準は、一、工業用地がまとまって約三〇万坪（九九万平方メートル）以上確保することが容易であり、これに見合う工業用水が確保できること。二、住宅用地が約一〇〇万坪（三三〇万平方メートル）以上確保することが容易であり、これに見合う水道用水が確保できること。三、目標年内において、人口が二〇万人程度、工業出荷額三〇〇〇億円以上増加することが可能であることの三点の達成可能が、指定の基準となっていたのです。

「回想の記」にも少し書きましたが、指定地域が、当初の内定が、九市町村（富山・高岡・新湊・小杉・大門・大島・下村・呉羽・中田）であったのに対して、地域拡大の要望から指定獲得作戦が激しくなり、遂に、二三市町村にもなり、国の指定が遅れ、一時は、どうなることか、と頭を抱え込んでしまった…。こんな例は、他の府県にあったでしょうか…。

県の初代の総務部長として、この「新産業都市」の指定を受けることが最も重大な問題でした。」

「や、話が長くなりました…、松下さん、雑な文章ですが、校正のほどよろしくたのみます。二校正は要りません、お任せします。渡辺市長さん、小浜委員長によろしく申し上げてください。」

七、「富山新港を訪れて」

─農地買収に関わる諸問題の解決に誠心誠意努めた─

元富山県総合計画部長　金子　正男

昭和五十七年（一九八二）五月上旬、小浜委員長から連絡があって市長室へ行くと、そこには、元富山県総合計画部長の金子正男氏と小浜委員長が話し合っておられ、かつて、渡辺一雄市長も県庁職員であったことから、話がはずんでいるようだった。

私は、小浜委員長から金子先生の「回想の記」をいただいた。金子先生は笑いながら、「どうもこの頃は根気がなくなって、充分整理しないまま持ってきました。「回想の記」を書くために、十四年ぶりに、一日がかりで、「富山新港」一帯を歩いてみました。当時のことが、いろいろ思い出され、つい、長くなってしまいました。事務局長さん、少し、けずってください、後は、小浜委員長さんにみてもらってください。全て、お任せします。」

以下、金子正男氏の回想の記「富山新港を訪れて」の概要を記述する。

「富山新港が開港してから、早くも十三年余の歳月が流れた。新湊市においては、市制施行三十周年の記念式典が盛大に挙行されたことは、誠におめでたいことである。

私は、「富山新港」開港後、十四年ぶりに新港周辺を回ってみた。

まず、「太閤山ニュータウン」に来て、今や、人口一万一〇〇〇余の近代的施設の住宅団地となってにぎわっているのに驚いた。

臨港道路を北上して、「富山新港」の公共ふ頭へ向かったが、第一水面貯木場に、射水平野の乾田化の水を注ぎこむ「西部排水機場」が見えた。

この排水機場の建設について、地元、高岡市姫野地区の反対に遭い、事業主体である「農林省」を相手どり、「行政訴訟」に持ち込まれた。高岡市の堀市長と和解成立に持ち込んだが、決着に至るまで、ずいぶん苦労したことを思い出した。

公共ふ頭の中ほどに、県の「富山新港管理事務局」が建設されていた。用水路を回ると、片口地区の「少童社」に並んだ、東水路の入口に、「新港」と「臨海工業用地」が一望に見渡せる「展望台」が建設されていた。港には、大きな外国船を始め数隻の内外船が、方々の岸壁に接岸していた。昨年、一か年間に九〇〇隻近くの内外船が入港している。

展望台に登り、港湾施設や立地企業の様子を、案内図と照合しながら見渡した。住友アルミの精錬工場、北陸電力や富山共同火力の「新港火力発電所」を中核に、アルミコンビナート、木材の山、木材加工住宅関連、その他、合計して五十余りの企業が立地しているのが分かった。

しかし、造成された「臨海工業用地」の中に、約三割の用地が売却されずに残っていた。県の努力は続いているが、容易なことではない。

思いは、十七年前にさかのぼる。

「富山新港」の建設や、背後の「臨海工業用地」の造成に関係し、「農地買収」や家屋移転、その他の補償問題で、全力を傾注していた「総合計画部長」時代を思い起こした。部長を拝命したとき、先輩からご愁傷様と言われ苦笑いしたことを思い出した。

この当時、新港の建設、背後の臨海工業用地の造成に、工業用水を供給するための「和田川総合開発計画」「太閤山ニュータウン建設計画」「射水平野乾田化計画」など、一連の大計画が、いずれも実施の段階にあった。

放生津潟を利用しての「富山新港」建設には、港口を造るために、「地方鉄道射水線」や「県道魚津氷見線」など、約三〇〇メートルを切断せねばならず、この交通対策は大きな問題であった。

農地の買収についても、地区によっては、全農地を買収される農家も多く、農家に代替農地を提供すること、家屋の集団移転、転業対策、副業対策など、難しい問題が多々あり、この新港建設は、全国でも例がない、極めてまれなケースであった。

しかし、着工四年余を過ぎた当時、「漁業補償問題」の大半が解決されようとしていた。東防波堤の工事も進められていた。

放生津潟については、港湾管理者による、「公有水面埋立免許」も終わり、潟内の港湾施設の着工が急がれていた。

この、港湾施設の着工には、潟内の大量の土砂「ヘドロ」の処分地が必要であり、「どこへ捨てるか」をめぐって、ヘドロの実態を調査した結果、運輸省と県は、富山湾への「海中投棄」を決定した。

「ヘドロの海中投棄」の決定によって、「漁業補償問題」は、新たな段階となり、解決は、新湊漁協、堀岡漁協、海老江漁業はもとより、富山市、高岡市、氷見市の各漁協への補償問題も起こり、「漁業補償問題」の解決には、十数年かかったのである。私の後任者、関係者は、ずいぶん苦労されたようだ。

先にも述べたが、私の任期中最も苦労したのは、「農地の買収」「物件の移転」その他、それらに関わる「補償問題」の解決であった。前任の総合計画部長から、問題の実情を聞いたとき、これは、容易ならざる難題である…と思った。

私は、部長就任早々、農家の信用を失わぬよう、誠心誠意、村部・地区との交渉、話し合いに努めました。ほとんど夜間、ときには深夜に及びました。

「農地買収契約」が調印の運びに至ったときの吉田知事の喜び、ねぎらいの言葉、今でも忘れることができません。

いろいろなことを思い出しながら、新港西口駅の方へ回った。

堂々たる吉田知事の開港の記念碑、内藤友明新湊市長の歌碑が、大事業完遂の喜びと感謝、「日本海時代」開拓、発展の願いを込めて立っていた。

昭和四十三年（一九六八）四月二十一日、公共ふ頭での開港式当日は日本晴れで、立山連峰も開港を祝うが如く美しい偉容であった。

昭和十四年（一九三九）の秋、農林省より富山県へ地方技師として赴任した日も、快晴の立山連峰、劔岳は輝いていた。私は二十八歳であったが、あの大伴家持が越中の国司として任命されたのも二十八歳であった。

名残りは尽きなかったが、新港東口へと向かった。港口より日本高周波鋼業富山製造所に至る間に「北ふ頭」を建設する計画があったが実現されなかった。私が退任して十年余り経った昭和五十三年（一九七八）二月、放生津潟の「内水面使用免許」を受けていた人が、知事を相手に民事訴訟を提起したのである。

それは、「北ふ頭」ができなかったことに対する「遺失利益補償請求」の訴訟である。私は、証人として富山地方裁判所へ出張したが、一審でも二審でも、原告の「請求棄却」となり、昭和五十六年（一九八一）二月結審した。

放生津八幡宮に参詣し、昔の「奈呉の浦」を見渡せば、新港西防波堤より西へ、海岸沿いに、約七〇万平方メートルの埋め立てが行われていた。小矢部川河口の浚渫土砂を大量に運んでの大工事であった。

この八幡宮浦で、漁夫らしい老人が海を眺めていた。老人は、「間もなく東防波堤の東側海岸にも、もっと広い海岸埋立てが行われるようです」と話してくれた。今までの海岸浸食とは逆に、この大工事によって造成される土地が、公共の福祉に利用されることを願った。

新港の「う回道路」からフェリーボート発着の「新港東口駅」に向かったが、途中の久々湊地区で、一部、農家の農地買収協力が得られず、苦労したことを思い出した。この地区では、農地を全部買収される農家が多く、代替地計画も進まず、一時はどうなることか、と案ぜられた。

もっとも、先祖が潟を干拓して苦労して造った田を、全部出してもらうのであるから、全く気の毒なことである。お願いするばかりであった。片口地区、その他の集団でも、夜間の話し合いを続けたが、今は、家屋移転も済み、沿道の家並みは落ち着いて見えた。

新港東口駅に着くと、フェリーボートの運航がみられた。「港口切断」のための交通対策、東部地区の振興対策など、たび重なる問題解決の連続であったが、市長はじめ関係者の方々の尽力により、フェリーボートが就航する運びとなった。

初運航の日、駆けつけた私に、県政記者から、フェリーボート初乗りの乗船券を小さい額縁に入れて贈られ、今も大切にしている。フェリーボートの運航係員から、「当時決められた規定はよく守られています」と言われうれしかった。

しかし、「地方鉄道射水線」が、その後、乗客減により廃線となってしまった。「農地買収」などでよく話し合った思い出深い堀岡を後にして、海老江から下村の加茂神社に向かい帰途についた。「第二水面貯木場」が見えてきた。

最近、構造不況にあえぐアルミ業界の、合併、再編問題が大きく取り上げられている。本県でも、オイルショック以後、電力料金の高騰により、安い海外のアルミ地金に押され、現在、三割操業に落ちこんでいる「住友アルミ富山精錬工場」の存続が心配されている。

存続を図るためには、安い電力を供給しなければならない。そのため、「富山共同火力新港発電所」の重油から石炭への「燃料転換問題」が発表された。

その実現のために、六万トン級の大型船で、海外炭を輸入できるように、「新港の港湾整備」を図らねばならない。石炭発電計画に伴う残灰処理場に、「第二水面貯木場」が充てられることになった。

これら一連の計画が次々に発表され、地元の協力が要請されている。地元では、ばいじん、騒音などの新たな「公害問題」を心配し、目下、地元堀岡地区を代表として、県との間で交渉が続けられている。

このことは、富山県の「アルミ産業」全体の浮沈に係わる問題であるから、地元の「公害対策」を早急に進め解決しなければならない。

「富山新港」再訪問を終えたが、ところどころに、公園や緑地も整備されており、人々の散策の姿も見られ、「新港建設」に直接係わった者として喜びにたえない。

今後、景気の回復により、企業誘致が促進され、諸計画も実現、進行し、この「富山新港」が、「国際工業港」として発展することを願うばかりです。」

金子先生は、このたびの「回想の記」のご依頼があったおかげで、私は、十四年ぶりに新港と周辺一帯を訪れることができました…と、小浜委員長と私に、握手を贈ってくださった。

そして、渡辺市長に、「新湊市はよく協力してくださった、これからも大変だと思います…」と言って、市長の肩をたたかれた。

以上、『富山新港史』に寄せられた七人の方々の「回想の記」の概要を記述した。先にも記したが、この七人の方たちは、新港建設に関わった多くの人々の中で、各地位、各部署の代表、責任者である。

私は「回想の記」の初稿を頂くために、ご依頼文を作成、送付し、直接お目にかかってお話を拝聴した。諸先生方の事情により、「回想の記」の概要は実録に基づき、実話も想起して、『富山新港史』に寄せられた原文の約半分を意図して記述した。

世紀の大事業と言われる「富山新港」の建設、その経緯、実情は、とても筆紙に尽くされるものではない。例えば、一つの重要事態の進捗の記述についても、その人の立場によって表記が異なる。当然ではあるが、総合してみると、その事態の理解が深まる。その最たるものの一つに、「港口切断」が挙げられる。

私は、編纂事務局長としての対応から、「回想の記」の概要として、以上のように記述したことを、実に恐縮に思っている。ただ、「富山新港」開港五十周年記念の年に当たり、歴史にのこる大事業を回顧し、先達の労苦とその功績を改めて称えることのできる今日を思い、感謝する一念から、この記録を冊子にまとめたいと考えたのである。

第二章　『富山新港史』編纂事業の回顧

一、編纂事務局長を引き受ける

―小浜喜一編纂委員長の説得に応じる―

昭和五十五年（一九八〇）二月上旬のある日、高岡市の私立高校の副校長さんが、新湊市立東明小学校の校長室に、私を訪ねてこられた。

「校長さん、あなた、この三月、退職されると聞きましたが、本当ですか。」

「はい、この三月末で、五十四歳と十か月になりますので…」

「もう決定ですか、惜しいですね…」

「仕方ないです、近県は二、三年の男女差ですが、県は、五年も差をつけて、後進に道をゆずれ、ということでしょう…」

私は初対面の方に愚痴めいたことを言ってしまった。

「先生、お訪ねの向きは…」

「実は、校長先生、この四月から、うちの学校の講師になっていただきたいのです…、週八時間、「日本史」の授業をしていただきたいと考えています。」

「いや、それは、難しいでしょう…、私には高校の免許はありませんから。」

「実は、先週、県教委へ相談に上がりましたら、先生の経歴などから、いいでしょう、と許可が出たのです。」

私は、少し不安に思ったが、県の「近代史研究会」で、高校の先生方と、あれこれ学習しているので…、私でもいいですか…、それでは、やってみましょう…、と言ってしまった。

それから、二週間ほど経った二月下旬、校長室へ、県の、元総合計画部長の小浜喜一先生が来訪された。

小浜先生と直接お会いするのは二度めである。前はたしか、昭和四十二年（一九六七）の十一月末だったかと思う。「富山新港」の造成工事も大詰めにきていたころであった。新港に近い「片口小学校」への突然の訪問であった。その日は、校長が出張していたので、教頭の私が校長室で応対した。

十三年前のことであるが、小浜部長は、片口校下の主な職業や教育事情など、具体的に、いろいろ尋ねられた、かと思う。お帰りになるとき、「何かあったら、直ぐ、聞かせてください」…と言って、お急ぎのようだった。

「先生、新港の建設、大変でしたね…、今日、お見えになったのは…」

「あなたに、たってのお願いがあるのです…、今度、新湊市で、『富山新港史』を編纂することになって、編纂委員会の事務局長をさがしていたのですが、渡辺市長さんが、あなたがどうか、と言われたのです。この六月から始めるのですが、引き受けてくれませんか。」

突然の大役、未経験なしごと…、ふと、先日、高校の副校長さんに約束した講師のことを思い出した。私は、その事情をお話して、引き受けられないことを申し上げた。

小浜先生は、少し間をおいて、お話します、が、とおっしゃって…、

「このことは、市長と、二、三の人にしか話していませんが、全国の新港建設の中で、「富山新港」は優等生と言われてきました…、ところが、昨年、茨城大学

の教授の方々によって、新港の『鹿島港』が発刊されたのです。そのこともあってか、東大の「日本史研究会」の教授が来県されて、『富山新港史』編纂の意向について、中沖知事に説かれ、県の承認を求められたのです。

私は、「富山新港」建設下の「総合計画部長」として、吉田知事のもと、約七年間、多くの関係者と身魂を尽くしました。『富山新港史』の発刊は、富山県で、私達の手で、成し遂げたい、と考えてきました。

東大に先を越されては困るのです。私は、中沖知事に、直ぐに、『富山新港史』編纂に取り掛かりましょう、と申し上げたところ、知事は「早すぎる、開港して、まだ十二年しか経っていない、もう五年待ちなさい…」と。

私は、五年も待てば、東大の二番煎じになってしまうと考え、再度知事に懇願したところ、知事は、「今、県としてはやらないが、あなたに考えがあるなら、任せます…」と。

私は直ぐ、建設当時の総合計画課長だった笹谷秀夫さんと、地域開発課長の盛一夫君らと共に、参議院会館の吉田実先生を訪ね、『富山新港史』編纂について賛同を得ました。途中から、文教大学助教授の北林吉弘さんも加わって、新港建設当時の思い出話に、時が過ぎました。

そして、渡辺一雄新湊市長に懇請して、市として『富山新港史』の編纂を決定していただいたのです。

私は、編纂委員長として全力を尽くします、大変だと思いますが、なんとか、引き受けてください。」

私は、小浜先生の固い決意、情熱、次元の高いお話に、言葉も出ませんでした。

「先生、近いうちに、また来ます。考えてください。」と申されてお帰りになった。

そして、三月上旬、市の総務部長の渡辺桂吉氏と文教大学助教授の北林吉弘先生が訪ねてこられた。総務部長が、「松下先生、市長も小浜先生も、よろしくとのことでした。先日からのお願いについて、今日はよいご返事をいただきに上がりました。」

このお二人の方は、以前から公私ともに交誼があるので、なごやかなお話になって、そのうちに、「編纂事務局長」の重任を引き受けてしまった。

急がねばならない。私は二、三日して高校へ参上して、事情を申し上げ、恐縮しながらお詫び申し上げた。

『富山新港史』編纂事務局長のしごとは、想像以上に重いものでした。

四十年経った今でも、高校講師を引き受けていたら…、と思うことがある。

ただ、この『富山新港史』の編纂事務を遂行したことが手始めとなって、今日まで、市史、校史、社史などの「編纂事務局長」を、八回も務めることになった。

私は、どんな著書を手にしても、編纂事務に当たった人の苦労を想像することができる。

二、県庁の倉庫から新港建設関係の史資料を運ぶ

―資料の調整と編纂委員との連携に努める―

昭和五十五年（一九八〇）六月下旬、小浜委員長の指示で、県庁東側にある倉庫から、「富山新港」建設に係わる史資料を、市の編纂事務局（農協会館二階の大部屋）へ運んできた。

市の専用車二台で、所管の企画広報室の主事三人と私との四人で、大きなダンボール十二個に、ぎっしり詰められている資料を、事務所に置いたとき、「いよいよ始まるのだ」と、改めて、編纂事務局長としての重い責任を感じた。

小浜委員長は、「この膨大な資料は、総合計画部長だった私の下で、課長、次長として苦労してくれた、福田善雄君の汗の結晶だ…、彼は私を助けて、「新港建設」のために尽くしてくれた。五十三年に亡くなった。存命なら、編纂委員の

一人になってもらっていただろう…」と。

この後、一週間ほど経って、小浜委員長と、当時の総合計画部地域開発課長の盛一雄氏が、編纂事務所に来て、十二個のダンボールの資料の仕分け、調整をしてくださった。三日間だった、と思うが、私は指示を受けながら、十人の委員の執筆部門別に、資料を整理箱に収め、長机、六個の上に並べ、箱の上に、「漁業補償・盛一雄」「富山新港・大江孝之」…と記して、各委員が、それぞれに利用され易いようにした。

五十五年の十月ごろから五十七年十一月ごろまでの実執筆の約二年間、十名の委員の来訪を受け、ときには、委員の勤務先やご自宅へも、資料の調達や校正などで参上した。なかでも、「漁業補償・用水問題・太閤山ニュータウン」担当の盛一雄氏の「富山青年会議所」の事務局長室へは、数回お訪ねした。

盛先生は、実質、小浜委員長の助役的な立場で務めておいでたようで、先生の担当以外のことでも指導いただき、ご指示を受けた。いつも、理路整然とした説明を受け、有り難く思った。

私が、昭和五十五年（一九八〇）八月上旬、運輸省の第一港湾建設局と、運輸省の図書室で、コピーして提供を受けた諸規定の関連資料の大分は、県にも保管されていた。なお、新湊市の関係資料は、当時の総務部長の渡辺桂吉氏と整理して、県の資料と併せて、「新湊関係」と明記した。

このとき、渡辺部長が、つぶやくように言われたことは、「さすが、県の総合計画部だ、よくもこれだけの資料を整理、保管してあったものだ。市でも、重要資料の保管の仕方、考え直さんならん、新港関係のものでも、無くなっているものが大分あるな、一応、資料保存期間を五年としているので、充分調べないで、一律、焼却しているから…、特別に、資料管理室を設けて、規定を見直すべきだな…」と。

昭和五十五年十月になって、小浜委員長から、「新産業都市指定関係と乾田化について、資料に不明の点があるので、基本となった法規を確認したいから、今月中、なるべく早く、自治省、経済企画庁、農林省へ行ってきてください…」とのことで、私は一週間、長女の川崎の家で泊まり、指示された、各省庁を訪ねた。

有り難いことに、小浜委員長からの連絡で、当時、文教大学助教授であった、北林吉弘先生が同行してくださった。約束した日時に、富山県の東京事務所の所長室で待ち合わせ、参議院会館の吉田事務所で、官公庁訪問に関する「証明書」をもらって行った。訪問の日時は告げてあっても、二時間ちかく待たされたこともあった。北林先生はその後、富山大学の教育学部の教授に就任されたが、当時のことをふり返るとき、今は亡き先生に心から感謝申し上げるばかりです。

またこのとき、国会図書館へ「新産業都市指定問題」に関する「国会議事録」を調べに行ったとき、地元の国会議員の証明書を持たずに行って、翌日、出直したこと、その他、未熟さ故に不如意なことが多々ありました。

五十五年十一月の寒い日でした…、東大のある教授が、突然、事務所に来訪されて、「この大量の資料、一部、貸し出していただくわけにいきませんか…」と言われ、「待ってください、先生から総務部長に相談してください」と申し上げたら、小声で「やっぱり、だめか…」と言って、私に、市の図書館への案内を頼まれ、所管の企画広報室の主事も同行して行った。

教授は、「これが、市の図書館ですか…、村の図書館よりお粗末だね…」と。私は答えようがなかった。このとき、かつて、小浜委員長から聞いた話「東大で『富山新港史』を編修したい」を思い出していた。

また、この一週間後、こんなことがあった。大阪大学の大学院教授二人と大学院生二十余人が、市の総務課に来て、国指定の歴史資料「石黒信由」関係の二〇五一点、和算を中心とする資料の見学を申し込まれた。

当時、この歴史資料は、新湊市高木に、昭和四十三年（一九六八）に建てられた収蔵庫に納められていた。

この「高樹文庫資料」の研究のために来訪された大学院一行の案内を、私が引き受けることになった。今、考えても、これは、全く身の程知らずのことであった。市は、このことを軽く考えていたのだろうか…。

三時間余りの間、大学院の教授から「国の重要文化財の保存、管理が、あまりにも、ずさんである…」と、叱責を受けた。

特に、「加越能三州郡分略絵図」が、引き出しに、折り畳んであったので、折り目がくっきり付いていた。

私は、一部始終を総務部長に申し上げ、「早く、博物館を造らねば…」と、進言した。『富山新港史』編纂時の忘れ難い出来事であった。

三、編纂委員会は小浜委員長の高い識見によって進行した

―編纂上の規定から委員の原文を縮小する―

『富山新港史』の編纂事業は、昭和五十五年（一九八〇）六月から開始され、五十八年（一九八三）六月で終了した。約三年掛かったが、その間、八二回に及ぶ「編纂委員会」が開催された。

市長会議室で、午後二時から五時までとしていたが、五十六年度後半から、午後八時ごろまで延びたことが何度かあった。時々、渡辺一雄市長も出席されていた。

主な議題は、全体の構成、各章の構想と意義、記述内容の検討と資料の適正利用、写真、図表の検索と活用、その他、関係機関や団体との係りからの予期せぬ問題も出てきて、特に、委員長の苦労は大変なものであった。

編纂委員会は、原則として、月、二回の開催であったが、委員長は開催の二、三日前に事務所に来て、議事内容の確認、担当委員との連絡に当たられた。

私は、委員長の指示により、当日の参考資料の作成に当たったが、初稿の検討が議題になる場合、校正のしごとなどが、家庭の夜間作業になった。

五十七年の夏ごろから秋の終わりにかけて、委員長の富山のご自宅へ行ったことも数回あった。主として、本文と図表との関連での差し替えについてのことが多かったか、と思う。ある土曜の午前、電話があって、翌日曜日、先生のご自宅へ上がると、第十章担当の小林哲郎委員も来訪されていた。

第十章は、五校正で完成したと思っていたが、「国営射水平野農業水利事業」のところで、本文と四項の図表についての年次の確認と差し替えであった。

類似の図表の多いこの章では、本文との対応、表記の位置が複雑で、遂に六校正に及んでしまったのである。

この委員長の明確な指摘、指導によって、特に統計図表の多い『富山新港史』の編纂、発行が成されたと思う。委員長が、かつて、『統計図表の肝どころ』の冊子を発行して、県職員の指導に寄与されていたということから納得できる。

委員会の会議中、司会の私が、これは、どうなることかと、はらはらしたことがあった。委員長は、全体の構成から、各部の関連点の細部にわたって、吟味されるので、時には、語気が強くなって、緊張が高まったこともあった。

委員長と委員の間で、意見の対立から、確執が生じたことがあった。

それは、第一章の「富山新港のあけぼの」の執筆担当の近岡七四郎氏との間の見解の相違からのことである。

規定頁の三倍半にも及ぶ原稿の縮小について、近岡委員が承諾されなかったのである。郷土史の研究家として、自他ともに認める先生は、新港建設以前の「放生津潟」をとり巻く射水郷の前史こそ大切であると主張され、期限がきても、初稿はそのままになっていた。

委員会での近岡氏は、「委員長、あなたは、歴史ある新湊市をご存知ないからそのように言われるが…、少しぐらい頁が増えても…」、委員長は、「最初の委員会での、各章の頁数の規定は守ってください、一週間お待ちします。」

ところが、次の委員会で、少し時間をください、と言って、約一時間余り、「放生津潟」の歴史について話されたのである。その概要は、

「「富山新港」の舞台となった地域は、『古事記』や『日本書紀』によれば、「伊弥頭（いみず―射水）」と呼ばれ、奈良時代の天平七四六年には、越中の国司として赴任していた大伴家持は、「奈呉の江―放生津潟」の歌を詠んでいる。鎌倉時代、越中国の守護所は「奈呉の江」の湖畔に置かれていた。

そして、室町期に、越中守護神保長誠が放生津に居館し、足利十代将軍義稙が五年も放生津に滞在している。このころの「放生津湊」は日本海交易の中心となっていた。

古代から近世、近代に至る放生津潟は、静大で夢幻を湛え、湖中の弁天島は情緒に富み、隣接の「越の潟海水浴場」、夏の花火大会は、一大観光地となっていた。

江戸時代からは、近村との舟運も盛んとなり、放生津、新湊は、射水郷の中心として栄えてきたのです。

放生津の漁場、弁財船の盛況は…」

近岡委員が、時間を忘れて延々と話されるので、委員長は、「先生、すみませんが、そこまでに…」と言って、止められた。しばらく、場が白けたようになった。近岡氏は最後まで了承されなかったようだった。

先生の原稿は、放生津の古代から近代に至る歴史を、縷々として記述され、正に一冊の上製本に値するものであった。

五十七年十月末になって、私は委員長の指示により原文を約半分に書き替え、近岡先生のご自宅へ持参した。私は恐縮しながら「一週間後にいただきに上がりますから、よろしくお願いします…」と、申し上げた。

しかし、その後、「忙しくてみる暇がなかった…」と言って、そのまま、訂正のあともなく返された。

今、近岡先生の「第一章　富山新港のあけぼの」を読み、悪いことをしたようで、申し訳なく思っている。実に大変な仕事であった。

四、本文と統計図表との照合に校正を重ねた第四章

―「富山新港」建設は長い年月と多額の経費を要した―

昭和五十七年（一九八二）七月下旬、編纂委員会を二日後に控えて、いつものように、小浜委員長が議事の確認と関係資料の点検に来所されていた。ところが、しばらくして、第四章「富山新港」執筆担当の大江孝之氏が来所され、「…丁度よかった、先般、委員会で問題になったところ、私の建設当時の資料に基づいて整理し直したのですが、統計図表が多いので、県の資料と確認したかったのです、先生も一緒に見てください。」

小浜委員長と大江委員は、事務所にある、県の総合計画部の資料と照合した後、委員長は、「申し訳ないが、第七節と第九節、第十節の二だけ、私の線引きの部分を校正していただいて、第四校正で完了してください。」

私は、大江委員の第四章の原文（三校正ずみ）を預かり、委員長の指摘された、第七節と第九節、第十節の二を校正した。

第四章「富山新港」の第七節「新港の開港と工事の経過」の一部

「…昭和三十六年（一九六一）九月、東防波堤の着工をもって、新港は実現の第一歩を踏み出した。

続いて三十七年（一九六二）四月、西防波堤着工、四十一年四月の潟の浚渫開始、四十二年十一月二十三日、最大の難関であった港口切断、四十三年三月2号岸壁が完成し、昭和四十三年（一九六八）四月二十一日、着工以来七年にして、かつての夢の大工業港はついに開港の運びとなり、多くの先人の宿願がここに実現した。

第九節「新港の建設費」の一部

「新港建設に伴う投資額（事業費実績）は、まず、原計画（昭和三十六〜

四十五年度）に対応する四十五年度までの投資額は、港湾事業九七億二〇〇〇万円、工業用地造成事業二二一億一〇〇〇万円、合計三一八億三〇〇〇万円で、実施段階における工事計画の一部の手直し、工事単価の値上がりなどのため、原計画に比べ、二倍以上の増額となっている。

また、着工以来五十六年度までの総投資額は、港湾事業二五八億八〇〇〇万円、工業用地造成四二〇億八〇〇〇万円、合計六七九億六〇〇〇万円の巨額に達している。更に、六十年度までには、同じく一二九億一〇〇〇万円と四二億七〇〇〇万円、合計一七一億八〇〇〇万円の投資が予定されており、最終的な総投資額は、港湾事業三八八億円、工業用地四六三億円、合計八五一億円に達する見込みである。

この巨額の投下資金の財源は、基本施設については、事業の内容によって若干異なるが、大略、県と国が半額ずつ負担、単独事業は全額県負担、機能施設と工業用地造成は、県債の発行による長期借入金である。

この区分によって、六十年度までの総投資見積額八五一億円の財源を概算すると、国の負担一六〇億円、県の負担一六六億円、県債（県の借入金）五二五億円となる。

なお、県債の元利償還金は、機能施設（約六億円）については、荷役機械、上屋、引船、野積場などの施設の使用料、工業用地については、土地売却代金が、それぞれの償還財源に充当されることになっている。

第十節の二　取扱貨物の推移

一般に港勢を表す指標として、最もよく使われるのは、港湾の貨物取扱量である。

新港開港の翌年、四十四年以降の伏木、富山、新港の取扱貨物量は、表14にみる通りである。おおよその傾向としては、伏木の減退、富山の漸増に対し、新港は四十九年をピークとして、頭打ちという異なった傾向を示している。

四十九年までの新港の著しい伸びは、背後地における企業の新規立地に伴う貨物と、泊地埋没のため荷役機能の低下した伏木港からの一部貨物の転移、及び、新港の貯木施設の整備に伴う北洋材の伏木港からの転移によるものである。

五十年以降の頭打ちは、四十八年のオイルショックを境として、燐化学工業㈱の進出をみただけで、企業の新規立地がほとんど止まったのに加え、大宗をなす北洋材が不況に基づく需要の減退によって、輸入量が停滞していること、電力料金の大幅値上げによる電炉産業の不況に基づく、鉱石類の輸入減などによるものである。

五十六年では、県内港湾貨物の三〇％を扱い、最高時の三六％よりやや低下している。

表16は、オイルショックの四十八年と五十六年における三港の上位五品目の数量と、貨物総量に占める比率を示したものである。

取扱貨物の種類では、新港は原木が三五％を占め、著しく木材への特化がみられる。これに対し、伏木、富山両港はいずれも原油、重油、石油製品などの石油類が四十八年、五十六年とも六〇％前後を占めてこれに特化している。

特に、前述した富山港の取扱貨物の累年の増加は、ほとんど石油類によるものである。また、伏木では原木の減少が目立っているが、これは新港への転移によるものである。

取扱貨物の出入別では、一般に、全国の港湾は、ほとんど入超となっているが、特に、日本海側諸港ではこの傾向が著しく、甚だしい片貿易となっている。県内の三港もその例外ではない。貨物総量に占める出貨の割合は、年によって若干異なるが、平均して伏木は九％、富山は一六％に対し、新港はわずかに二・八％で、極端な片荷となっている。

これは、長い歴史をもつ伏木、富山両港に比べ、開港後、日の浅い新港に、伏木港の日ソ定期配船のような外貿ルートや、集荷流通機能が、未だ充分に整っていないためと考えられる。

次に、貨物の外内貿別の比率は、伏木では外貿比率は、四十八年の二九・五％から二三・五％に低下しているが、北洋材及び鉱石類の新港への転移によるものである。富山港の外貿の半減も、原木、木材、原油の輸入減と、燐化学工業㈱の新港への移転に伴う燐鉱石の入荷停止、並びに、石油類の移出入の激増に伴う相対的な低下である。

一方、新港では、外貿比率は六六％と変わらず、しかも、三港の中で最も高い。これは、輸入品である原木・木材の比重が高いことに加え、外貿貨物の一部の伏木港からの転移によって、鉱石、原塩の輸入減をカバーしたためである。新港の外貿の相手国として最も大きいのは、原木のソ連、木材のアメリカで、鉄鉱石類は広く各国にわたっている。

また、五十六年の新港の取扱貨物三二六万トンのうち、公共ふ頭を利用したものは一七六万トンで五四％、専用ふ頭扱いは一五〇万トン、四六％で半分近くを占める。専用ふ頭扱いの主なものは北洋材（八〇％）、火力発電所向けの原油（一〇〇％）、重油（九七％）と鉄鋼（四八％）などである。

現在、新港は、全国一の北洋材輸入港として原木、木材類に特化し、年間三三〇万トン余りの貨物を取扱っている。

五十年以降、世界的な不況の影響を受けて、港勢はやや伸び悩みを示している。しかし港湾規模の大きさ、最新の施設という利点に加え、対岸貿易に有利な地理的位置などからして、今後、不況の回復とともに背後工業地帯の拠点としてのみでなく、県内港湾の中核港、世界への海の玄関として、大きい発展が期待される。」

後日、昭和五十八年（一九八三）二月上旬、この第四章「富山新港」の印刷に当たり、富山市のヨシダ印刷㈱の支社へ数回出張し、盛一雄委員の支援を受けて二十枚に及ぶ統計図表の指示などに努めた。

この第四章、全文五九頁のうち、地図一一枚、統計図表二〇、写真一〇枚と多く、印刷上、本文との照合が複雑、特に、統計図表には類似のものがあり、委員長を通じてヨシダ印刷㈱から特別に依頼されたことによる。

五、六校正に及んだ「農業水利構造と乾田化事業の経過」

―「国営射水平野農業水利事業」の大改造の概要―

第十章「富山新港周辺の農業と農村」は、全文の中でも、第十三章「富山新港とその周辺地域の環境」と共に最も頁数の多い章である。

第十章以外は、三校正、四校正で終了しているが、第十章の第三節「射水平野の乾田化と土地基盤の整備」は、六校正までに及んでしまった。

第三節の中でも、訂正、修正を重ねていただいたのは、第三節の一「農業水利構造と乾田化事業の経過」の部分である。

この、第十章の執筆担当は、当時の富山県立技術短期大学助教授の小林哲郎先生であった。編纂委員長の小浜先生も、当時は、県庁を退職して、小林先生と同じく、技術短大の教授であった。

小浜委員長は、渡辺市長に、編纂委員の紹介で、「小林哲郎委員は、国立大学の農学部出身の新進気鋭の学者で…」と紹介されていた。

昭和五十七年（一九八二）二月の編纂委員会であったかと思うが、小浜委員長が、「小林先生、第三節の一、「農業水利構造と乾田化事業の経過」のところだが、明細によく書かれているが、十章全体からみて、もう一度、要点を整理して、少し短縮してください、射水の乾田化事業は、歴史的にみて複雑ですから、もう一度、あの、大正六年（一九一七）三月に、射水郡長として赴任した、南原繁（元東京大学総長）先生が、昭和二十八年（一九五三）三月、富山県農地部耕地課が発行した『県営土地改良事業着工三十周年記念事業誌』に、「放生津潟」周辺の乾田化事業の構想を述べておられる。

あの事業誌を調べ直して、要点を整理してください。」

その後、私は、小浜委員長と小林先生のご依頼で、六校正で完結するまで、技術短大へ二回出張したが、小林先生は、「松下先生、この部分、あなたの校正で、分かりやすくなったね…」と言われ恐縮した。

六校正に及んだ「農業水利構造と乾田化事業の経過」の一部を記述する。

「東を神通川、西を庄川に挟まれた射水平野は、平均勾配一八〇〇分の一という平坦な地形で、そのほぼ中央を南から北に貫流して放生津潟に流入する下条川沿いが低い凹地になっている。

加えて、従来は用排水が未分離なためにその九九％が湿田であり、特に潟まわりは舟運耕作で農作業は困難を極め、一般に、耕運機の使用も、裏作も不可能な状態であり、いわゆる農業の近代化、経営の合理化は望めなかった。

この地域の乾田化は、第一章でふれた前史があり、前節でも述べたように長年の懸案であったが、昭和三十八年（一九六三）に、農林省直轄の「国営射水平野農業水利事業」として、当初は、七か年計画で用排水を分離する改良工事が着手された。

その対象面積は、当初の計画では六二二二・五ヘクタールであったが、臨海工業用地の造成計画による潰れ地九三五・七ヘクタールが生じ、五二八六・八（うち用水補給面積三〇〇八・六）ヘクタールに減じた。

また、関係市町村は、新湊市のほか高岡市・富山市・小杉町・大門町・大島町・下村の三市三町一村である。

その田面標高は、主要排水路である新堀川沿い三・五キロメートル上流で〇・四メートル、六・五キロメートル上流でも一・四メートルと低い。地下水位も高く、灌漑期で〇・一五〜〇・三メートル、非灌漑期でも〇・五メートル以下の低湿地である。

これらの水田の用水源は、自然河川四八・〇％、伏流水六・一％、排水路の残量二一・五％、残水二〇・八％、溜池三・六％であった。

用水源を自然河川とするのは、神通川から取水する牛ケ首用水（受益面積二九二四・八ヘクタールのうち、射水地区一七八六・七ヘクタール）、庄川に水利権をもつ六ケ用水及び伏流水である。

このように、排水路の残量を用水源とする水田が二一・五％もあり、「オタレ」と称する上流部水田の残水利用田が二〇・八％を占めている。

これらは不安定な用水源であり、屈曲した土水路の用排水兼用の水路を堰き止めて水位を高めるか、あるいは、ポンプで灌漑するという状態であった。

また、地形が平坦でしかも田面標高が潮位より低い水田があるにもかかわらず、排水は流域面積に対して七五％が自然排水であり、降雨量が多いと直ちに冠水害を被るのが常であった。

そのため、この地域は放生津潟の水位調節、干拓などを含めて〝水との戦い〟という長い治水の歴史がある。

こうした状況であったから、農業水利事業は当然のこととして、排水強化、すなわち湛水害除去、乾田化が第一の目的におかれた。

つまり、射水平野の乾田化は、基本的には排水改良事業であったが、そのためには「オタレ」に依存した確定水源をもたない水田の用水源を確保する必要があり、「県営和田川総合開発事業」とも関連づけられたのである。

このように、排水強化と用水源確保を前提とする抜本的な土地改良であるため、大規模な国営事業が必要であったのである。それ以前の改良事業は、部分的、非系統的な改修にとどまっていたのである。

この地域の排水改良が、本格的に取り組まれる戦後の経過をみると、昭和二十七～二十九年に、県によって乾田化事業の調査が行われ、引き続いて三十～三十六年に、国営事業の対象地区として、国の土地改良調査が行われた。

そして、三十七年国営事業計画が樹立され、三十八年に国営事業として着工された。この「国営射水平野農業水利事業」は、十三年の歳月と七五億円の巨費を投じて五十一年に完成した。

射水平野土地改良区の『概要図』で事業の目的をみると、「本計画においては用排水を分離し、湿田の乾田化ならびに洪水排除を行い、一貫した排水改良工事とともに、乾田化に伴う用水補給工事を併せて実施し、農業基盤を整備して土地生産性の増加と農業経営の合理化を図るものである」と述べている。

その事業計画の内容と関連図を総括して示したのが図3である。

排水計画は、表20のように、平地部は主として機械排水により、山地は自然排水（下条川、新堀川、新鍛治川の三河川）によって行い、これらに連絡する排水路一万八七〇三メートル（国営のみ）の改修および新設を行う。なお地区内の主用排水幹線である下条川は県土木部によって改修するとされ、現在工事中で最終段階にある。

用水計画（表21）は、現況の牛ケ首用水、六ケ用水、北牧用水以外の水源は使用せず、これに代わる水源を和田川に求めて、用水路一万八一八メートル（国営のみ）の新設および改修を行う。

以上のように、国営水利事業は排水改良が中心課題であり、用排水が未分離なために複雑に錯綜した、非系統的な悪水の排除を〝三機械排水と五自然排水〟に統合することによって、自然排水地区は三五〇〇ヘクタールから七五七ヘクタールに減少し、逆に、機械排水地区が一七八六ヘクタールから四五三一ヘクタールに増加した。

更に、これらの排水路が整備、系統化されたことによって、排水能力は強化された。

一方、排水改良に伴って必要とする補給用水は、大門町において「第二発電所」の放水より取水し、東西両幹線水路によって供給されている。

計画では、必要とする補給水量は、東西両用水区を合して最大毎秒一三・四〇トンで、このうち、和田川の自流二・四八トンを差引いた一〇・九二トンを庄川からの分水を引当とする「和田川総合開発事業」によって賄うことにしていた。これは、昭和三十五年末に完成した御母衣ダムによって安定、増加する庄川の流量に期待したものだった。

しかし、県は農業用水の外に「新産業都市建設」に伴って必要となる大量の工業用水、生活用水の水源をも「和田川総合開発」に求めた。

このため、第八章「用水問題第二節」に述べたように、農業用水の不足を危惧する「庄川沿岸用水土地改良区連合」と、県および関西電力㈱との間で、分水をめぐって紛糾したが、四十年七月に至ってようやく解決を見た。

そして、現在、この水源補給を含めて庄川の上流、上平村桂地内において、支流境川の総合開発事業（工期五十一〜六十七）が、県の手によって進められている。

こうした排水改良、用水補給によって乾田化された水田に期待された効果は、米で一九〇三トンの増産が見込まれ、しかも、その八七・七％は乾田化によるものとされている。

また、蔬菜を中心とした転換畑による農業経営の合理化や、労働力の節減効果も期待されている。このような農業生産力および労働生産性の向上のほかに、水利施設の維持管理費、末端の部落水利費の節減もその効果にあげられる。

これら多大の効果をもつ世紀の大土地改良事業は五十一年に完了し、同年十一月、「国営射水平野土地改良事業」の完工式が、関係者六〇〇余名の出席のもとに盛大に挙行されたのである。」

以上、第十章の第三節の一、「農業水利構造と乾田化事業の経過」の部分が、六校正までに至ってしまったが、今、改めてこの部分を転記してみると、「国営射水平野農業水利事業」が、如何に難工事であったか、その一端を理解することができる。

この大事業は、当初七年計画であったが、完工まで約十三年の歳月を要した。

この射水平野の大改造によって、「富山新港」、背後の工業地帯、住民生活の安全、農業経営の合理化が大きく支えられているのです。

昭和五十七年四月下旬の編纂委員会が終わって、各委員がそれぞれに退所されたところで、小林委員が、小浜委員長に、六校正で完結した第三節の一を手渡しになった。

市長会議室には、小浜委員長と小林委員、私と三人しかいない。夕方六時過ぎ、委員長は、まあ、座りなさい、と言って…、

「小林君、大変だったな、いろいろ厳しいことを言ったが…、吉田知事は、特に、農業、農家に関することには慎重で厳しかった。あれは、昭和三十九年十一月初めだったたか、総合計画部の自分と盛君が、久々湊地区の「農地買収」の交渉の翌日、知事に、「あの地区はどうしてあんなに難しいのか、地区内の対立は分かるが、いつまでかかるのか、県として、何か、打つ手を…」と申し上げたら、知事は、「君らは、何も、農業、農家のこと、分かっていないから、仕方ない面もあるが、また日を改めて、言い分をよく聞いてあげてくれ、私が出て行くとお

しまいだ、それは、最悪の手だ、根気強く当たってくれ…」と。
知事三選を果たされた直後、富山県農業協同組合中央会の副会長に就任、「富山新港建設」も大詰めにきていたこの時期、吉田知事の確信と情熱に改めて感服した…。

小林君、本当によく努めてくれた、ありがとう。」

私は、この第十章「富山新港周辺の農業と農村」の校正には、最も日時を要した。明治以来、富山県政の大きな課題であった「射水平野の水利の改造と乾田化」の問題は、大事業で複雑であった。正直、私は、充分に分からないまま校正に努めていた。この大事業、本当に理解できる人は、直接、従事した方々でないと…。

第十章、全文、八一頁、統計図表六七項、地図五枚、写真一五枚に及び、本文との対照に苦労した。校正を重ねたことは勿論、富山のヨシダ印刷㈱支社へ四、五回出張したが、富山では、盛一雄委員に同行して頂き、実に有り難かった。盛先生の鋭い指摘に感服した。

終わりに

平成三十年（二〇一八）七月十一日、射水市において、「富山新港」開港五十周年記念式典が挙行された。

大正、昭和、平成と、九十余年の生涯を、この射水郷に送ってきた私は、今日、「富山新港」とその周辺一帯の情景を仰ぐとき、正に、「隔世の感あり」と言わざるを得ない。日本の国土では、稀にみる壮大な自然改造である。

「富山新港の建設」、この世紀の大工事は、戦後、十年を経た国策に拠るものとは言え、これを貫徹したのは、吉田実知事の県土発展への理念と情熱に支えられて成し遂げられたものである。

昭和六十一年（一九八六）十一月発行の『吉田實とその時代』の編纂に関わった私は、吉田実の政治信条、構想は、学生時代、青年期に培われたことを知った。

それは、国土の発展と国民の自由を説いた、ゲーテの『ファウスト』、また、かつて、射水郡長として、「射水の乾田化」構想と施工を画した、南原繁の治績が、常に、その施政の根底にあったと考えられる。

昭和五十八年（一九八三）六月発行された『富山新港史』（B5・七六一頁）は、新港建設に係わった実務の責任者と郷土の歴史研究家によって執筆された。編纂委員長は、吉田知事の下、新港開港前後に総合計画部長として重責を果たした小浜喜一氏である。その執行振りは実に見事であった。

貴重な資料の紛失を防ぎ、大事業を正確に後世に伝え、併せて、地域開発の研究に資するために、地元新湊市の献身的な努力によって成されたのである。

図らずも、編纂委員会の事務局長の任にあった私は、膨大な資料の調整と作成、校正、八十二回に及ぶ委員会の司会などを通じて、この「富山新港の建設」が、全国に例のない、特異な大工事であったことを理解することができた。

新港建設の実工事期間は七年であったが、事業に伴う前後の諸事態への処置、対応などを考えると、十数年の歳月を要した。その間、対立や反対運動、補償問題、訴訟事件など、予想をはるかに越える事態が続出したが、誠心誠意の話し合い、対策によって、大方の理解と協力を得て、この世紀の大事業が完遂したのである。「富山新港開港五十年」、今後、時代の推移、社会の変遷に応じて発生する諸問題を解決し、時宜を得た改築と更なる発展に努めていかねばならない。

『富山新港史』に寄せられた、吉田実はじめ七人の先達の「回想の記」を改めて拝し、私達県民、射水市民は、開港五十年の記念すべき年に当たり、新港建設の事態と経緯、先人の労苦と功績をしのび敬意を表したいと思う。

今年、平成三十年（二〇一八）の七、八月は、数十年ぶりの猛暑の日々が続いている。汗を拭きながら、原稿紙に向きながらも、「なぜ、この冊子を出すのか…」と、戸惑い、とまどいながら稿を終えることになった。

『富山新港史』の発行から三十六年の歳月が流れた。当時を回顧しながらの記述、期日の間違い、記述の重複、書き言葉と話し言葉の不統一など、不詳なことなど、了承して頂きたい。

私は、この冊子の出版の意義について、桂書房の勝山敏一氏の所見を仰ぎ、指導、助言を頂いた。改めて感謝申し上げます。

参考にした主な文献

『富山新港史』　昭和五十八年六月十日　新湊市
『新湊市史―近現代』　平成四年三月二十五日　新湊市
『吉田實とその時代』　昭和六十一年十一月三日　吉田實顕彰会
（私は以上三冊の編纂事務局長を務めた）

執筆支援・協力者

富山県　富山新港管理局　射水市奈呉の江七
射水市　産業経済部　港湾観光課　射水市小島七〇三
高木　秋生　射水市川口七二七
平野　源一　射水市中央町一七―六
稲垣　利恭　射水市本町一丁目三五
矢野　孝　射水市西新湊二六―一
氷見　慎司　射水市中央町一七―五

主な経歴

出生　大正十三年五月十日　富山県射水郡堀岡村古明神二七二
昭和16年3月　富山県立高岡高等女学校卒業
昭和18年3月　富山県女子師範学校本科二部卒業
昭和18年4月　高岡市立新湊東部国民学校（放生津小）訓導
昭和22年4月　高岡市立新湊東部中学校教諭
昭和28年4月　新湊市立新湊中部中学校教諭・新湊東部中学校教諭
昭和41年4月　新湊市立七美小学校教頭・片口小学校教頭
昭和48年4月　高岡教育事務所指導主事
昭和50年4月　新湊市立中伏木小学校長
昭和52年4月　高岡教育事務所指導課長
昭和53年4月　新湊市立東明小学校長（本江・七美幼稚園長）55年3月（退職）
昭和48・53年　富山県教科書採択審議委員

昭和55年4月　富山大学教育学窓会理事・副会長
昭和59年4月　富山県退職校長会理事・副会長
昭和56〜59年　文教大学教育学部校外講師
昭和56・59年〜　富山近代史研究会員　北前研究会副会長
昭和55年4月〜58年6月
　新湊市企画広報室嘱託
昭和63年4月〜平成4年3月
　新湊市教育委員会嘱託
昭和56〜59年　新湊商工会議所審議委員
昭和60〜63年　新湊図書館審議委員

主な著書

共著
富山新港史　吉田實とその時代　見る新湊近代百年小史
富山県女性史　新湊市史―近現代―　ビジュアル富山百科
説明文のかんどころ
富山大百科事典　みんなで語ろう富山の昭和史
とやま近代化ものがたり　富山県の漁業と流通
富山商船高等専門学校百年史　説明文のプログラム教材集
伏木海陸運送㈱五十年史　日本鋼管富山製造所八十年史

編著
以静―企業と茶道に生きて　憶卯尾田穀太郎
富山の女性で初めての医学博士・佐藤やい
警察医伊藤梅雨子女史　新湊独立運動の思い出
とやま北前船の変遷　馬場はるの生涯
私たちの教育提言―世紀送迎の辞
日が暮れる
あの太平洋戦争はどうして起きたのか

富山新港の建設

『富山新港史』編纂事業を回顧して

2018年11月20日　初版発行

定価　1,000円+税

著　者　松　下　ナミ子

発行者　勝　山　敏　一

発行所　桂　書　房

〒930-0103　富山市北代3683-11

電話 076-434-4600

FAX 076-434-4617

印刷　株式会社 すがの印刷

© 2018 Matsushita Namiko

ISBN 978-4-86627-055-5

地方小出版流通センター扱い

＊造本には十分注意しておりますが、万一、落丁、乱丁などの不良品がありましたら送料当社負担でお取替えいたします。

＊本書の一部あるいは全部を、無断で複写複製（コピー）することは、法律で認められた場合を除き、著作者および出版社の権利の侵害となります。あらかじめ小社あて承諾を求めて下さい。